El éxito no llega por casualidad

Dr. Lair Ribeiro

El éxito
no llega por
casualidad

EDICIONES URANO

Argentina - Chile - Colombia - España
México - Venezuela

Título original: *O sucesso não ocorre por acaso*
Editor original: Moderna, Brasil
Ilustraciones: Fernando Brum y Aparecido Campos Benedito
Infografía: José Carlos de Sousa y Sidney Maccagnan
Traducción: Joan Salvador
Cubierta: Josep Ubach

© 1999 *by* Meta Suporte Global Assessoria e Comércio Ltda.
© de la traducción: 2000 *by* Joan Salvador
© 2000 *by* Ediciones Urano, S. A.
    Aribau, 142, pral. - 08036 Barcelona
    www.edicionesurano.com

ISBN: 84-7953-403-6
Depósito legal: B. 1.737 - 2000

Fotocomposición: Ediciones Urano, S. A.
Imprime Bigsa I. G. - c/Manuel Fernández Márquez, s/n. mód. 6-1
08939 St. Adrià del Besós (Barcelona)

Impreso en España - *Printed in Spain*

Índice de las leyes del éxito

Índice

Introducción

Tomar el desayuno en Londres y, cuatro horas más tarde, comer en Nueva York era algo totalmente impensable hace algunos años. Hoy podemos hacerlo: basta con viajar en un avión supersónico, como el Concorde, para atravesar el Atlántico más rápido que el sonido. Hace años, tendríamos que hacer este viaje en barco y tardaríamos semanas en completar el recorrido.

¿Impresionado con los avances en el mundo del transporte? Entonces presta atención, porque tengo buenas noticias para ti.

También ha habido grandes avances en el campo del desarrollo humano. Lo que antes se habría tardado mucho tiempo en aprender, hoy se presenta en formato de libro relativamente corto y fácil de entender.

En tus manos tienes ahora uno de estos libros. La lectura de estas páginas puede transformar tu vida para siempre. Y fíjate que digo «puede»; no te estoy garantizando que lo consiga, porque no es suficiente simplemente leer. Si lo fuera, bastaría con que leyéramos la Biblia para garantizarnos el paraíso.

Pero la lectura de este libro, junto con la comprensión del material que contiene y su aplicación al vivir diario, puede traer resultados sorprendentes a tu vida.

En él se analizan y simplifican ideas complejas en relación a la esencia del éxito personal y profesional. El conocimiento que te presentamos lo he extraído tanto de mis vivencias personales —de mi éxito como individuo y como médico— como de los últimos descubrimientos en el campo del desarrollo humano. Entre las técnicas que utilizamos citaré: el aprendizaje acelerado, el pensamiento lateral, la gestalt, la Programación Neurolingüística (PNL) y otras.

Todo lo que encontrarás en este libro tiene por finalidad apoyarte para que mediante tu potencial transformes tus sueños en realidad. Las instrucciones, las metáforas y las historias son instrumentos que sirven para incorporar a tu estructura psicológica los principios comunes a las personas de éxito.

Desde esta perspectiva, incorporamos en cada capítulo una *Ley universal*. Es universal porque funciona en cualquier lugar: en casa, en el trabajo, en tu ciudad, en cualquier parte del universo donde te encuentres, independientemente de las circunstancias.

Las leyes no son resúmenes de los capítulos, sino «unidades de enseñanza» independientes. Te ofrecen una alternativa, una manera poética de retener el significado más profundo del conocimiento que te presentamos.

El libro que tienes en tus manos es sencillo y complicado al mismo tiempo. Los hechos más complejos,

El *éxito* es apenas una cuestión de suerte. Pregúntaselo si no a cualquier *fracasado*.

Eso-sí

EARL WILSON

cuando se analizan sistemáticamente, son en realidad más sencillos de lo que parecen.

De modo que este es un libro sencillo de leer y que ofrece complejos resultados. Si te lo propones con seriedad, te encontrarás con varias sorpresas, porque estarás capacitado para *hacer más con menos*.

Casi estamos llegando al final de la Introducción y quiero resaltar un aspecto muy importante para ti: **He escrito este libro para que se lea varias veces.**

La repetición es la madre del aprendizaje. Así, *los principios del éxito* te servirán como una meditación. Tendrás ocasión de reflexionar acerca de las cualidades que caracterizan a las personas que tienen éxito y conseguir que formen parte de ti. Cada vez que releas este material, algo nuevo surgirá. Recibirás, con cada lectura, aquello que más necesites en cada momento.

Suelta las amarras y prepárate para un viaje fascinante rumbo a un lugar en el que pasarás el resto de tu vida, o de tu futuro.

Amor y sabiduría

Eso-sí

Mis ideas son poderosas porque no me pertenecen. Son el sentido común organizado.

STEPHEN COVEY

- 1 -

LAS LEYES BÁSICAS DEL ÉXITO

Aprender con el Universo

El tiempo es el más persistente de los maestros, aunque, por desgracia, acaba matando a todos sus discípulos. Puedes tener como único maestro el tiempo y atenerte a las consecuencias de la demora, o acelerar el proceso utilizando la experiencia ajena.

El maestro de los maestros es, sin duda, el propio Universo. Si consigues incorporar a tu estructura psicológica las Leyes Universales, algunas de las consecuencias de ello serán el éxito y la sabiduría.

El Universo es pura inteligencia. Ordenado, incapaz de crearse a sí mismo, lo rigen leyes inmutables y soberanas. Son leyes absolutas en su esencia, interdependientes en su aplicabilidad, independientes del tiempo, dependientes de la intención y la conciencia divinas presentes en cada uno de nosotros.

LA «DIFERENCIA» QUE MARCA LA DIFERENCIA

Mira a tu alrededor: el lugar en el que te has sentado para leer este libro, el ambiente, las personas, los objetos. Piensa en tus condiciones de vida actuales, en el trabajo, la salud y el ocio. Piensa en tus amigos, en las cosas que cada uno de ellos ha conquistado, y también en los demás en general, en las personas con quienes hayas tenido algún contacto. Piensa en personajes de éxito, gente famosa a la que admires, y recorre con tu mente la imagen de todos ellos y su patrón de vida, hasta los detalles más pequeños. Procura comprender por qué admiras a esas personas.

Ahora mira dentro de ti. Intenta percibir cómo te

Fig. 1

sientes en este preciso momento. ¿Qué ha sido de aquellos sueños durante tantos años atesorados? ¿Los hiciste todos realidad? ¿Sólo en parte? ¿Los has «archivado»? ¿Los transformaste en opciones más «reales»? ¿Los has pospuesto en espera de una ocasión más propicia? ¿O aún aparecen, en determinados momentos, entre tus pensamientos más íntimos? ¿Te sientes satisfecho con lo que has conseguido en la vida? ¿Anhelas más? ¿Crees en tus oportunidades? ¿Qué te falta, en resumidas cuentas, para que puedas decir que has tenido éxito?

Una persona exitosa no es muy distinta de aquella que no consigue lo que quiere en la vida.

La distancia es mucho más pequeña de lo que parece. El éxito se mide en centímetros. Observa la figura 1, por ejemplo, que representa la llegada de una carrera de caballos. El primero en llegar a la meta ganó un premio de quince mil dólares, mientras que el segundo se llevó sólo cinco mil. ¿Quiere eso decir que el primer caballo corrió tres veces más rápido que el segundo? ¡Claro que no! En realidad, si tuviéramos en cuenta la diferencia entre los dos caballos a la llegada y la distancia de la carrera, ¿cuánto más rápido tendría que

> **Peca por acción, no por omisión.**
>
> COMANDANTE ROLIM AMARO

haber corrido el segundo caballo para superar el primero? ¡Casi nada!

Eso significa que una pequeña diferencia en el rendimiento marca una gran diferencia en el resultado. Una semana después, todo el mundo recordará el nombre del caballo vencedor y habrá olvidado el del segundo clasificado. ¡Aunque la diferencia entre los dos fue mínima!

En la vida ocurre lo mismo: un profesional que esté ganando tres veces más que otro no va tres veces más rápido, ni trabaja tres veces más ni tiene el triple de conocimientos o de inteligencia que su compañero. La diferencia es mínima, pero es la «DIFERENCIA» QUE MARCA LA DIFERENCIA.

Si preguntara a distintas personas qué es el éxito para ellas obtendría un conjunto de respuestas distintas. Por eso daremos una definición que sirva para todos: *¡El éxito es conseguir lo que quieres!*

Es algo distinto de la **felicidad**, que vendría a ser querer lo que ya se ha conseguido. Para ser feliz no necesitas muchas cosas, basta con estar satisfecho con lo que tienes; es una cuestión de aceptación mental.

Nada te impide que quieras o ambiciones otras cosas. El problema viene cuando la gente asocia la felicidad con el éxito; entonces se habla en estos términos:

—Cuando sea adulto, seré feliz.

—Cuando acabe los estudios, seré feliz.

—Cuando me case, cuando los hijos nazcan, cuando estudien, cuando se casen, cuando nazcan los nietos, cuando me jubile...

Y así la vida pasa como un gato que camina sobre un tejado de cinc caliente: sólo se siente el calorcillo.

Este libro no se propone enseñarte a ser feliz: esa es una cuestión, o una decisión, que atañe a cada cual. Pero sí vamos a hablar de la **ciencia del éxito**.

Parte de lo que vamos a presentarte está basado en los estudios del investigador Napoleon Hill, quien fue contratado por Andrew Carnegie (probablemente el hombre más rico del mundo en su época) para una extraña tarea. Carnegie encontró al joven Napoleon Hill, que entonces tenía diecinueve años, durante una fiesta, y en seguida le ofreció un trabajo: un trabajo de investigación que duraría 25 años y con el cual quería averiguar qué tenían en común las personas con éxito. El joven se lo pensó durante una semana y, finalmente, decidió aceptar la oferta. Cuando terminó su trabajo, Napoleon Hill sabía cuáles eran las características de las personas con éxito.

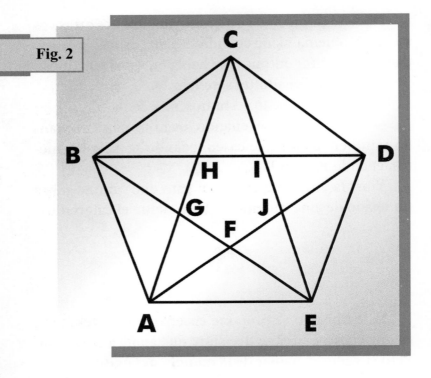

Así pues, el éxito se convirtió en una ciencia. Tú puedes estudiar y aprender cómo tener éxito en la vida. Este libro te ofrece esa oportunidad.

Cuenta los triángulos de la figura 2. ¿Cuántos hay? He oído respuestas de todas clases, desde los que dicen que hay 10 a los que afirman que hay 150. Primero, intenta resolverlo tú solo.

¿Los has contado todos? La gran mayoría de lectores no identifican la totalidad de los triángulos. Si quieres cotejar tu respuesta, consulta la figura 2A (p. 18).

Un ejemplo sencillo como este nos enseña que siempre es posible mejorar en la vida, no importa el grado de éxito que hayamos alcanzado. Apenas utilizamos el cinco por ciento de nuestra capacidad cerebral. Einstein, probablemente, no utilizó ni el diez por ciento: se estudió su cerebro hasta el menor detalle, y no fue posible encontrar diferencias con el de un idiota. Así pues, la diferencia no está en la anatomía y sí en la programación. Si comparamos el cerebro humano con un ordenador, comprobaremos que no es el *hardware* (el equipo en sí) lo que hace a un individuo más inteligente que otro, sino el *software* (los programas que ejecuta).

Dicen que las personas como Einstein ya nacen siendo genios. No es verdad. Habrá ciertamente quien nazca con una potencialidad mayor. Pero si sólo nos servimos del tres o el cuatro por ciento de nuestra capacidad mental, basta con aprovechar un poco mejor nuestros recursos para conseguir alcanzar o sobrepasar la inteligencia de quien haya nacido con mayor potencialidad. Esta es la «diferencia» que marca la diferencia.

Eso-sí

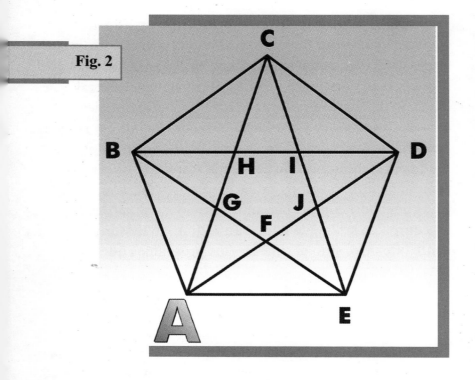

Fig. 2

En la figura hay 36 triángulos:
- 10 sencillos: AGF, AGB, BGH, BHC, CHI, CID, DIJ, DJE, EJF, EFA.
- 10 dobles: AFB, BIC, CJD, DFE, EGA, AHB, BGC, CHD, DIE, EJA.
- 10 triples: ABE, ABC, BCD, CDE, AED, BIE, ACJ, BDF, CEG, ADH.
- 5 quíntuples: ABD, BCE, CAD, DBE, ACE.
- 1 en la parte superior de la letra «A».

Lo importante es aprender a pensar de una manera directa. Y eso es posible. Nuestros cursos, diseñados a partir de las nuevas tecnologías de aprendizaje, obtienen resultados evidentes en poquísimo tiempo: enseñamos el *proceso*, no el *contenido*. Por decirlo con una metáfora, explicamos el proceso de la masticación y la gente escoge a continuación lo que quiere comer. Cualquiera puede aprender a aumentar tremendamente su capacidad mental: basta con conocer la tecnología adecuada para conseguirlo.

El **éxito** es conseguir lo que quieres.
La **felicidad**, es querer lo que ya has conseguido.

Observa la figura 3. ¿Qué ves? Muchas veces no se ve, sobre todo al mirar la imagen por primera vez, que ahí hay un perro dálmata. Procura identificarlo por ti mismo y confirma el resultado con la figura 3A (página 24). El perro se nos presenta en la imagen de la misma manera que las oportunidades en la vida: sólo son visibles para ojos bien despiertos.

En Estados Unidos, en 1929, durante la gran depresión, el dinero desapareció del mercado. ¿Cómo era posible si el gobierno seguía fabricando billetes? Ocurrió que desapareció de las manos de muchos para ir a parar a las de pocos. Los pocos que creyeron que ganarían dinero con la depresión, lo ganaron; los que creyeron que lo iban a perder, lo perdieron.

Fig. 3

Fig. 4

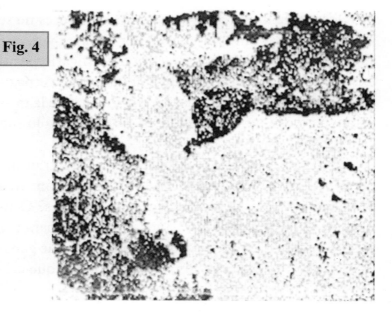

La palabra **crisis**, en chino, tiene dos significados: **peligro** y **oportunidad**. Es cosa tuya que la considere como un peligro o una oportunidad. Cuando oigas hablar de crisis, haz un pequeño ejercicio mental: marca las dos eses con rayas verticales. Y quedará así: ¡**CRII**! Cambia, ¿verdad? Las crisis también sirven para crear dinero, éxito y prosperidad.

Tienes en la vida lo que has escogido. Y tu mente es tan poderosa que te dará lo que le pidas. El problema viene cuando no se ha aprendido a utilizar el cerebro de la mejor manera posible. Cuando compras un aparato electrónico, te dan un manual de instrucciones y te las arreglas para hacerlo funcionar. Pero con nuestro cerebro, que es el «aparato» más sofisticado que existe en la Tierra, no nos dan ningún manual. Tenemos que aprender a usarlo por el método de «probar y equivocarse», y paso a paso. Los que aprenden, triunfan en la vida; los demás se quedan atrás, marcando el paso.

En la figura 4 (p. 20) hay una vaca. Si aún no has conseguido verla, observa la figura 4A (p. 24). Es más difícil ver la vaca que el perro. Con todo, una vez la has visto, ya no es posible dejar de verla.

Así funcionan también las oportunidades. Tal vez resulte difícil detectarlas, pero una vez vistas son pan

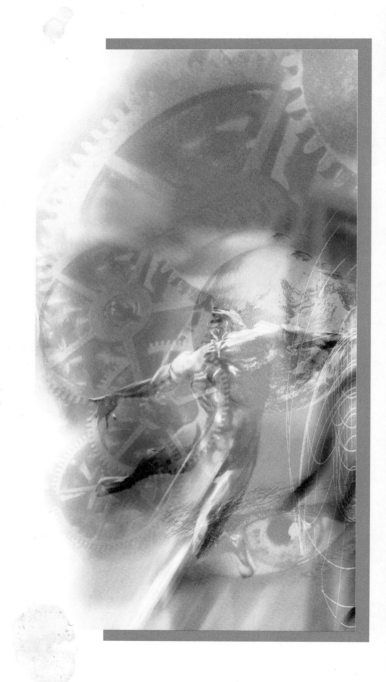

comido. Las oportunidades están en la vida para ser vistas; están ahí, frente a nuestros ojos.

A mucha gente le gusta lamentarse: si tuviera más estudios, si hubiera ido a la Universidad, si hubiera hecho el doctorado...

Thomas Edison, inventor de la lámpara de incandescencia y del fonógrafo entre otras cosas, estudió durante tres meses, hasta que su profesora lo echó de clase alegando que era oligofrénico y que no tenía inteligencia para estudiar. Y dejó de estudiar. Pero hoy casi todo lo que hacemos depende directa o indirectamente de sus descubrimientos. Henry Ford estudió hasta segundo curso de secundaria y después fundó la compañía Ford. Cambió el paradigma del transporte y se convirtió en uno de los hombres más ricos del mundo. El conocimiento que no se aplica no es un factor de éxito.

Nuestro cerebro tiene que aprender a ver las oportunidades, pues en la educación tradicional no nos han entrenado para hacerlo. Los actuales planes de estudios se centran en los problemas y no en las soluciones.

La ignorancia es la causa de la mayoría de desgracias del mundo.

Fig. 3A

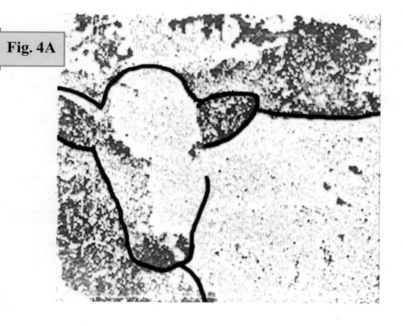

Fig. 4A

Eso-sí

Del mismo modo que ha cambiado la percepción que tenías de las figuras 3 y 4, puedes cambiar también tu modo de percibir el mundo. Y no sólo eso. Las oportunidades en la vida se presentan de la misma manera que el perro y la vaca en estas figuras. **Lo obvio sólo es obvio para el ojo preparado**.

¿Cuál es tu opinión?

- 2 -
Ley del aumento

Aprender a enfocar

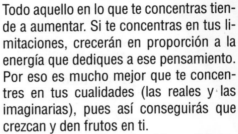

Todo aquello en lo que te concentras tiende a aumentar. Si te concentras en tus limitaciones, crecerán en proporción a la energía que dediques a ese pensamiento. Por eso es mucho mejor que te concentres en tus cualidades (las reales y las imaginarias), pues así conseguirás que crezcan y den frutos en ti.

Escribe a continuación 10 cualidades que tienes o que te gustaría tener:

1. _____   6. _____
2. _____   7. _____
3. _____   8. _____
4. _____   9. _____
5. _____   10. _____

Piensa en estas cualidades todos los días, durante 21 días. Si lo haces así, quedarán implantadas en tu estructura psicológica y empezarán a formar parte de ti.

Tanto si piensas que puedes como si piensas que no puedes, sea como sea, estarás en lo cierto

HENRY FORD

EL MUNDO DE LAS ILUSIONES
¿Qué es realmente real?

Vivimos en un mundo de ilusiones: lo que tú crees que es real, tal vez no lo sea de verdad. La realidad es algo subjetivo. Cuando hayan leído este libro, unos dirán que es fantástico y otros que ha sido una pérdida de tiempo. La realidad no está en el libro, sino en la percepción de aquellos que lo leen. Para los cerebros preparados para esta información, el mensaje habrá sido espectacular. Para los demás, no.

Pensamos que nuestros sentidos nos muestran la realidad, pero, en realidad, nos engañan. Pensamos que la Tierra está quieta, pero gira a una velocidad increíble.

Tenemos la sensación de que es plana, pero sabemos que es redonda. Parece que el Sol gira alrededor de nuestro planeta, pero lo correcto es lo contrario.

La primera y la mayor ilusión que tenemos es pensar que «**lo que vemos es**». Vamos a examinar algunas ilusiones de nuestros sentidos a través de algunos dibujos.

Fig. 5

¿Una copa o dos personas conversando? En realidad, tanto puede ser una cosa como la otra, depende del punto de vista.

Observa ahora la figura 6 (p. 30): ¿cuál de las siluetas es la más larga? Aparentemente, la de la derecha. Pero todas son iguales. Mídelo con una regla, si quieres. La diferencia que apreciamos procede de una interpretación del dibujo que hace el cerebro. Lo que distingue una figura de otra es mera ilusión, y es esa ilusión lo que provoca valoraciones distintas de un mismo fenómeno visual.

Otro ejemplo: si tu padre te pegaba cuando eras niño, ¿eso fue bueno o malo? «Muy malo», responderá alguien. No obstante, ¿quién sabe?; quizás has triunfado en la vida gracias precisamente a ese hecho. Hay gente que se pasa toda la vida protestando, como si pudiera cambiar el pasado. Si tu padre no te hubiera pegado, ¿quién sabe?, tal vez ahora serías un delincuente. Está en tus manos interpretar cualquier acontecimiento como bueno o malo. Depende de tu punto de vista, de tu visión del mundo.

Eso-sí

No podrás cambiar lo que no puede ser cambiado.

¿Entiendes ahora que no todo lo que se ve es? Muchas veces escuchamos frases como esta: «Sé que es perverso, conozco a este tipo de personas». ¡Cuidado con esta clase de pensamientos! Es posible que sólo veas a esa persona en un contexto negativo; una impresión de este tipo tal vez proceda de una experiencia de la infancia. Una persona con bigote quizá te evoque la imagen de tu padre peleándose con un vecino bigotudo cuando tú eras niño.

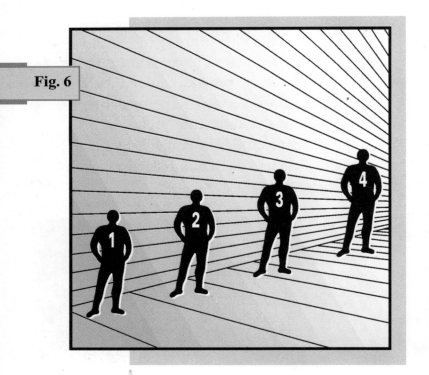

Fig. 6

La segunda ilusión consiste en pensar que «**todo lo que es, siempre es**». En la figura 7 verás unos cuadrados negros enmarcados por tiras blancas. Entre los cuadrados negros se pueden ver de vez en cuando cuadrados grises más pequeños. ¿Son reales? Depende. Cuando los vemos, lo son; cuando nos lo vemos, no.

No es cierta, entonces, esa historia de que «lo que es, siempre es». Cuidado con las ilusiones. «¡Conozco a esa persona desde hace veinte años y no es posible que haya cambiado!» Ten precaución con estas afirmaciones. Hay que conceder a las personas y las cosas la oportunidad de cambiar. Incluso tú puedes ser una persona muy distinta de la que eras hace 5 o 10 años.

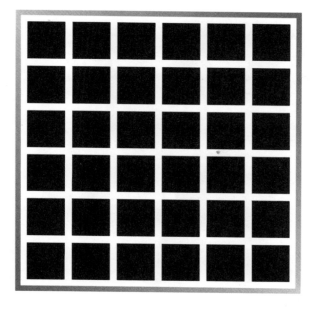

Fig. 7

*Cualquiera **puede aprender** a aumentar espectacularmente su **capacidad mental**.*

Eso-sí

La tercera ilusión es pensar que «**lo que siempre es, es todo lo que es**». En la figura 8 aparece un camión cargado de neumáticos al que le resulta imposible seguir su viaje precisamente porque tiene una rueda pinchada. El hecho de que el camión transporte esta carga no es algo que haga gracia. Y sufrir el imprevisto de que se te pinche una rueda está lejos de ser una circunstancia graciosa. Pero el cerebro une los dos hechos y crea el humor.

Fig. 8

Momento a momento creamos en nuestro cerebro nuestra propia realidad. Del mismo modo, podemos crear éxito en nuestra vida.

La mayor parte de la realidad es algo que creamos en nuestra cabeza a partir de un tercer componente que no es visible. Este componente procede de nuestra programación cerebral, que a su vez depende de nuestra educación y de lo que nos inculcaron hasta los siete años de edad. Por ejemplo, si te han transmitido la idea de que el dinero es algo sucio, ya puedes ponerte a trabajar 24 horas al día que jamás serás rico.

No existe una correlación directa entre trabajo y dinero. El peón es quien más trabaja y quien menos gana: se levanta pronto, toma dos autobuses para ir a trabajar, se alimenta de comida fría, llega a casa al anochecer, descansa un poco, trabaja mucho y se jubila a los 65 años con el salario mínimo. No hay una correlación directa entre estos dos factores: trabajo y dinero. Nuestra mente incluye en esta fórmula un tercer ingrediente: el éxito. Con la expansión de la mente y el cambio de percepción, por medio de técnicas como las que te mostramos en este libro y en nuestros cursos, es posible invertir esta relación y crear una nueva realidad.

Concede a las personas y a las cosas la **oportunidad de cambiar**. También a ti.

Eso-sí

Una buena manera de tener éxito consiste en observar a las personas que ya disfrutan de él, para entender sus estructuras y actuar como ellas en sus aspectos más positivos.

Fig. 9

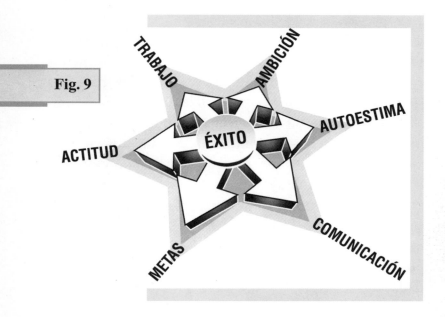

La **ciencia del éxito** se construyó como una estrella de seis puntas, como se representa en la figura 9 (p. 43). Construyamos con ella las turbinas del motor que nos conducirá al éxito. Se trata de una experiencia única, individual, intransferible. A medida que vayas desarrollando estos aspectos, adquirirás expansión mental, y tu coeficiente de inteligencia y tu capacidad de reacción ante los problemas del mundo aumentarán.

Las puntas de la estrella están colocadas en un orden didáctico, pero todas son importantes por igual y se complementan. No es posible influir en una sin influir en las demás. Es como el juego del ajedrez: cuando mueves una pieza, todo el juego se ve afectado.

El éxito significa no parar nunca, es decir, ir siempre en busca de algo más. La estrella del éxito está siempre en movimiento.

En los siguientes capítulos analizaremos cada uno de los componentes del éxito.

Vemos las cosas no como son, sino como somos.

H. M. Tomlison

- 3 -
Visualización y experiencia
Las dos caras de la misma moneda

Cualquier creencia bien arraigada tiende a perpetuar-

se. Por otra parte, cuando la información nueva llega a tu mente tiende a substituir la información antigua relacionada con el mismo tema. Así las cosas, la última experiencia es por lo general la que permanece.

Si te caíste de la bicicleta, te entró miedo y no volviste a montar, lo que permanece en tu mente es el miedo a ir en bicicleta. Si te caes, te levantas y, aun con miedo, montas de nuevo, lo que permanece en tu mente es tu capacidad para ir en bicicleta.

La **visualización** es un recurso fundamental para instalar **experiencias** en el sistema nervioso. Cuando una visualización está bien hecha, al cerebro no le importa si aquello realmente ocurrió en el mundo físico o sólo en tu imaginación.

GUSTARTE MÁS

La autoestima es fundamental en la conquista del éxito. Si no te gustas a ti mismo, ¿cómo pretendes gustar a los demás? De nada sirve cubrirse de oro o vestir ropas de calidad si la autoestima es baja. El problema es que nos han educado de una manera que nos pone difícil gustarnos a nosotros mismos. Nuestra estructura mental nos hace excesivamente críticos.

En Estados Unidos se realizó una investigación con niños entre tres y cuatro años que consistía en colocar un micrófono detrás de las orejas de los niños para grabar durante veinticuatro horas todo lo que oían. A partir de los datos obtenidos llegaron a la conclusión de que el niño, desde que nace hasta que cumple los

Eso-no

Fig. 10

ocho años, oye aproximadamente unas cien mil veces la palabra *¡no!* «¡No hagas esto!», «¡No hagas aquello!», «¡No pongas la mano ahí!», «¡No dibujes aquí!», «¡No, no y no!». Los científicos del estudio también sacaron la conclusión de que por cada elogio el niño recibía una media de nueve regañinas.

¿Qué ocurre entonces en nuestro cerebro ante tantas negativas? Va creando limitaciones para que podamos sentirnos aceptados por nuestros padres y por los demás. Y lo que tiene de genio cada niño va desapareciendo. Este es un hecho que se perpetúa de generación en generación. Y la humanidad, en su conjunto, no se desarrolla tanto como podría.

Todos los niños podrían ser superdotados si los estimularan para serlo. Lo hermoso de esta historia es que esto no sólo puede hacerse en la infancia, sino también en cualquier momento de la vida, siempre que se utilice la estrategia adecuada. Tu historia puede cambiar a más y mejor, en dirección al éxito, usando plenamente tu potencialidad a partir de hoy.

No es posible ayudar a las personas haciendo por ellas lo que ellas deberían hacer por sí mismas.

ABRAHAM LINCOLN

Antes de continuar con la lectura de estas páginas, relájate un instante. Respira. Piensa en ti. Y procura responder con sinceridad, para tus adentros, esta pregunta: ¿Cómo es tu relación con otras personas? Nadie puede hacer que te sientas inferior sin tu permiso. Nadie puede meterse dentro de ti para hacerte infeliz. Esa es una elección tuya. Si alguien genera en ti una sensación de inferioridad o de infelicidad es porque tú se lo estás permitiendo, le estás dando permiso: el sentimiento es tuyo, y tú eres quien decide lo que quieres sentir.

¿Por qué nos cuesta tanto lograr que nuestro comportamiento actúe en nuestro beneficio? La explicación la encontrarás en la figura 10 (p. 38).

El mayor poder de nuestra mente reside en nuestro inconsciente. No obstante, en la civilización occidental la educación suele dirigirse por norma hacia el hemisferio izquierdo del cerebro. La puerta al inconsciente está en el hemisferio derecho, pero no hemos aprendido a utilizarlo.

> Es mejor ser león un solo día que oveja toda la vida.
>
> Elizabeth Kenny

¿Sabes cómo se entrena una pulga? Coloca la pulga en un frasco y tápalo. Como a la pulga no le gusta estar encerrada, empezará a saltar. Así que salta, se golpea contra la tapa del frasco, pero lo vuelve a intentar y sigue chocando, de modo que al final su cerebro llega a la conclusión de que no sirve de nada saltar tan alto y empieza a dar saltos más pequeños, para no golpearse contra la tapa. Una vez empieza a actuar así, se puede quitar la tapa del frasco, porque ya nunca más la pulga saltará fuera. Su cerebro se ha hecho a la idea de que existe algo que le impide saltar más alto y no habrá modo de que conciba que la tapa no está allí.

Eso-sí

Hay una **fuerza** especial dentro de **ti.**

¿Cómo se adiestra un elefante? El principio es el mismo que con las pulgas. Cuando el elefante aún es un «bebé», el domador lo ata con una cuerda y asegura la cuerda a un árbol. El pequeño elefante intentará librarse de las ataduras, pero el árbol es resistente y pesado y no lo conseguirá. Después de intentarlo varias veces, desiste. Entonces crece, va a parar a algún circo y lo único que tiene que hacer el payaso para sujetarlo es atarlo con una cuerda a la pata de un taburete. El elefante todavía creerá que está atado a un árbol.

Al igual que la pulga y el elefante, también los seres humanos hemos sido programados con una serie de condicionamientos de los que, por lo general, no somos conscientes.

A los siete años era importante que mi madre me controlara para que no cruzara la calle solo, pues me podía atropellar un automóvil. Hoy, de adulto, no tendría ningún sentido que lo hiciera. Sería un grave trastorno para mi vida que tuviera que llamar a mi madre cada vez que necesitara cruzar una calle. De esta limitación (como si se tratara de la tapa del frasco en el caso de la pulga) ya me he liberado; pero, ¿cuántas limitaciones aún conservo en mi vida de las que no soy consciente? ¿Cuántas quedaron fijadas en mi estructura mental a consecuencia de los cien mil «no» que escuché en mi infancia sin que aún ahora no haya cuestionado su importancia para mi vida presente y futura?

Existen diversos relatos de personas que adquirieron fuerza sobrehumana en situaciones extremas, en momentos vitales. Uno de los casos más famosos es el de una mujer de apenas 50 kilos de peso que cambiaba el neumático de una furgoneta cuando el gato cedió; su hijo había salido del vehículo sin que ella se diera cuenta y quedó atrapado debajo de la furgoneta: la mujer levantó el vehículo, que pesaba más de una tonelada, para sacar a su hijo. ¿Cómo lo consiguió? ¿De dónde sacó tanta fuerza? No se trataba de una fuerza muscular, procedía del inconsciente. Hay una fuerza especial que habita en ti (o en el Universo, si así lo prefieres), y no es necesario que grites ¡ABRACADABRA! para disponer de ella.

¿Cómo alcanzarla? Sigue leyendo y lo sabrás.

Eso-sí

No puedes dar aquello que no tienes.

- 4 -
Disonancia cognitiva
Fuerzas antagónicas que generan conflicto

Cuando dos creencias antagónicas conviven simultáneamente en el cerebro surgen conflictos internos. Al igual que cuando se actúa de manera incoherente con las propias creencias.

Imaginemos que una parte de ti piensa de un modo y la otra parte de modo distinto. Te encuentras dividido en tu interior, y en esta situación de **conflicto** siempre hay una **pérdida de energía vital**.

Cuando aparece un conflicto de esta naturaleza, la tendencia es siempre minimizar las diferencias y, como resultado, una de las partes queda alterada. Si, por ejemplo, crees que fumar es perjudicial para la salud y sigues fumando (conflicto entre creencia y acción), o dejas de fumar (cambias tu acción) o lo racionalizas, engañándote, convenciéndote de que fumar no es malo.

LA CIENCIA DEL ÉXITO

Tal vez, llegado este momento, se te presente una gran duda: ¿es posible aprender la **ciencia del éxito** en tan poco tiempo o tan sólo leyendo un libro? ¡Bastará con que prepares tu cerebro para que esto ocurra!

Imagina que, hace algunos siglos, le hubieras dicho a alguien que iba en barco de vela desde Lisboa a Río de Janeiro, en un viaje de muchas semanas de duración, que un objeto más pesado que el aire (un avión, el Concorde) sería capaz de hacer ese mismo viaje en cuatro horas, volando y, además, con centenares de personas a bordo y varias toneladas de carga. Ciertamente, esa persona te habría dicho que sólo con magia eso sería posible.

Cualquier tecnología nueva y sofisticada parece cosa de magia cuando se empieza a utilizar.

Al leer con atención este libro ya estarás aprendiendo a usar tu cerebro de forma diferente. Si empiezas a utilizar los dos hemisferios del cerebro, el izquierdo y el derecho, de manera equilibrada, integrada, tu capacidad mental aumentará tremendamente. Más adelante hablaremos más de este aspecto.

Las limitaciones que padecemos proceden del uso limitado que hacemos de nuestro cerebro y de la programación negativa que nos es instalada durante la infancia. Veamos un ejemplo:

Eso-no

Nadie puede hacer que te sientas inferior si tú no se lo permites.

ELEANOR ROOSEVELT

Si coloco una tabla de 30 centímetros de ancho en el suelo y te pido que andes sobre ella, no te negarás. No obstante, si coloco esa misma tabla entre las Twin Towers (las Torres Gemelas, los edificios más altos de Nueva York), un día que no sopla el viento, a una hora en que el sol no deslumbra y sin que nada pueda molestar y le propongo a alguien que la pase, prácticamente nadie aceptará. ¿Por qué? No por razones físicas, pues se trata de la misma tabla. Lo que ocurre es que se establece un diálogo en nuestra cabeza: «¡Cuidado, no vayas a caer!». Y, claro, nos ponemos a temblar. La limitación, así pues, es el resultado de un mensaje negativo que aparece en nuestro cerebro.

¿Es posible aprender en una hora lo que se solía aprender en una semana? Basta con que lo creas y adquieras la tecnología necesaria. Hoy, con el sistema *photo-reading* es posible leerse una página a la velocidad en que miras una fotografía.

Si tu madre te decía cuando eras niño: «¡Eres un negado!», habrás crecido pensando que no tenías capacidad para aprender; seguramente has hecho varias veces las pruebas de acceso a la Universidad y no las has aprobado nunca. Pero esto no tiene nada que ver con la inteligencia. Basta con desarrollar una buena autoestima para conseguir el éxito en los exámenes.

Vamos a introducir ahora el concepto de la cibernética en la psicología. La cibernética es una ciencia que estudia sistemas autónomos con el fin de crear máquinas con inteligencia. La temperatura en una sala equipada con aire acondicionado, por ejemplo, depende de un termostato: cuando la temperatura sube más allá de un determinado nivel, el aparato se conecta automáticamente. Todos nosotros tenemos un termostato inter-

no que determina nuestro valor. Y no sólo eso; tenemos escrito en la frente, con tinta invisible, cuánto valemos. Esto es lo que el mundo está dispuesto a darnos. La realidad me mostrará el valor que considero que tengo. Siempre refleja el valor que mi termostato interno registra (es decir, yo mismo). Si aumento el nivel de mi termostato interno, la realidad también aumenta.

Es importante señalar que el nivel del termostato no tiene nada que ver con la temperatura externa. Dentro de una sala, si se ha programado el termostato a 22° centígrados, la temperatura en el interior será de 22°, independientemente de la temperatura del exterior. Si mi termostato interno dice que valgo medio millón de dólares, eso será lo que el mundo estará dispuesto a darme, sin que en ello influya una eventual crisis económica o la coyuntura mundial. Lo importante es la estructura. Mi estructura interna. El mundo es un reflejo de mi interior.

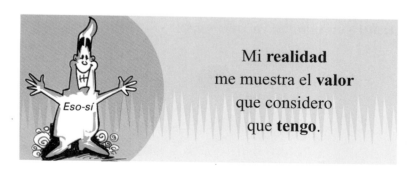

Eso-sí

Mi **realidad** me muestra el **valor** que considero que **tengo**.

Todo lo importante en la vida es sencillo. Cuando existen cinco teorías para explicar alguna cosa es, de hecho, porque aún no se ha dado con la explicación correcta. Otro punto interesante: no es necesario que entendamos las cosas para que funcionen. Antes de que Newton formulara la ley de la gravedad, si se saltaba de lo alto de un peñasco la caída era fatal: la gravedad está ahí, la entendamos o no.

Siempre ha habido remedios para la úlcera, aunque sólo recientemente se ha descubierto que también puede ser causada por una bacteria. Lo importante es aprender haciendo. Si tuviera que entender todo lo que estoy haciendo para hacer realmente las cosas, probablemente no haría nada. Para acompañar la evolución del mundo es preciso que utilicemos el cerebro de manera distinta a como lo hacemos habitualmente.

El conocimiento, a partir del año 2000, se duplicará cada 20 meses. Las informaciones se multiplican a un ritmo intensísimo, tanto que resulta imposible, incluso para el lector más voraz, mantenerse al corriente de todo cuanto se publica. Es necesario utilizar la otra parte del cerebro, la parte intuitiva, el hemisferio derecho, que nos da acceso a los poderes del inconsciente. El secreto está en el inconsciente. Tu autoestima se encuentra en el nivel inconsciente.

- 5 -
Involucrarse
y
comprometerse
La diferencia que marca la diferencia

Hay una gran diferencia entre simplemente **involucrarse** y **comprometerse**. Cuando el compromiso es un hecho, el resultado es una conspiración universal.

El **Universo se convierte en tu aliado** cuando tus **metas** están alineadas con tu **finalidad en la vida** y tú te comprometes en alcanzarlas. Atrévete a hacer lo que deseas y se te concederá el poder de realizarlo.

La audacia positiva trae consigo algo mágico, sublime y poderoso.

HAY QUE CREER PARA VER

Santo Tomás decía que necesitaba ver para creer. Pero estaba equivocado, pues lo cierto es precisamente lo contrario: es necesario **creer para ver** (figura 11, p. 54). Si esperáramos a ver para creer, siempre llegaríamos tarde, bastante más tarde que aquellos que antes creen y, creyendo, consiguen ver.

Mucha gente que navega por las costas de Miami bebe cerveza y, a pesar de que está prohibido, tira las latas vacías al mar. La cerveza Budweiser, una de las marcas preferidas por la población, tiene una característica franja roja en la lata. Hace poco se hizo una encuesta entre los buceadores de la zona para averiguar qué veían en el fondo del mar.

Describieron los peces que allí vivían y, además, hablaron de las latas de cerveza de la marca Budweiser. Les preguntaron cómo eran capaces de identificar las latas, y respondieron que por la forma y por la característica franja roja. No obstante, se sabe que el ojo humano es incapaz de captar el color rojo a profundidades inferiores a los 150 pies, unos 45 metros. Si hiciéramos esta prueba con personas que no conocieran esta marca de cerveza, no identificarían el rojo de la lata. Pero aquellos submarinistas guardaban en la memoria la imagen de la cerveza Budweiser y conseguían «ver» la franja roja. Como decíamos: **es necesario creer para ver.**

Si planto el éxito en mi cerebro, como una semilla, el éxito llegará. Si mi cerebro almacena desgracias, eso es lo que voy a ver en el mundo. Si tengo amor, amor recibiré. Y el odio será para quien sienta odio. En el momento en que cambias tus creencias y tu sistema de valores, el mundo cambia contigo, tan sencillo como chascar los dedos.

Si estás bien contigo mismo, eso es lo que expresarás al Universo. Es como la historia de aquel ejecutivo que llega a casa con un maletín lleno de trabajo pendiente. Su hijo de seis años quiere que juegue con él, pero como está muy ocupado se le ocurre una idea: abre el periódico y ve una fotografía de un mapa del

CREER PARA VER Y NO VER PARA CREER

Fig. 11

mundo; coge unas tijeras y la corta en trozos. Entonces mira a su hijo y le dice: «Vuelve a colocar el mapa del mundo como estaba y, cuando termines, jugaré contigo». Imaginaba el hombre que aquella tarea duraría varias horas, pero el niño volvió al cabo de pocos minutos con el mapa recompuesto. Sorprendido, preguntó a su hijo cómo había conseguido reconstruirlo en tan poco tiempo. «Ha sido muy fácil, papá», le respondió. «Al otro lado del papel había la fotografía de un hombre; me puse a montar al hombre y así el mapa ha quedado bien.» Moraleja: cuando el hombre está bien consigo mismo, el mundo está bien. En sí no hay nada de malo en el mundo. No se trata de cambiar el país ni la sociedad. Eres tú quien tiene que cambiar. Si cambias, el mundo cambiará contigo.

Eso-sí

Si **tú cambias**, el mundo cambiará contigo.

William James fue uno de los grandes filósofos y psicólogos estadounidenses. En una ocasión le preguntaron cuál era a su parecer el descubrimiento más importante en el campo del desarrollo humano en los últimos cien años, y respondió lo siguiente: «Hasta ahora se creía que para actuar era preciso sentir. Hoy se sabe que si comenzamos a actuar, el sentimiento aparecerá. Para mí, ese es el descubrimiento más importante del siglo para el desarrollo humano».

William James resume este descubrimiento con el siguiente adagio: «**El pájaro no canta porque sea feliz; es feliz porque canta**».

Incluso cuando estés deprimido, si empiezas a actuar como si fueras feliz acabarás por sentirte feliz y, por lo tanto, serás feliz. «El comportamiento cambia el sentimiento, el sentimiento cambia el pensamiento.» La mayoría de las personas se expresan así: «Cuando me sienta de tal manera, lo haré». Pero ese no es el camino; empieza a hacerlo y el sentimiento vendrá, las cosas cambiarán dentro y fuera de ti. La intención sin acción es una ilusión. **Atrévete a hacer lo que deseas y se te concederá el poder de realizarlo.**

El liderazgo, al igual que nadar o ir en bicicleta, no se aprende leyendo.

ELEANOR ROOSEVELT

- 6 -
Uno, dos y tres
Hechos que establecen una tendencia

Todo puede suceder alguna vez. Pero eso no significa que tenga que repetirse. Un único suceso no establece una tendencia. Por ejemplo, tu mejor amigo hace

algo una vez que pone en peligro la amistad que hay entre vosotros.

Pero si eso ocurre dos veces puede decirse ya que se da una tendencia. Es decir, la posibilidad de que suceda una tercera vez es muy grande.

Tener conciencia de ello te ayudará a actuar con prudencia. Más vale un poco de cautela que mucho remordimiento.

LOS HEMISFERIOS CEREBRALES
La misma cara de la otra moneda

Un pájaro necesita las dos alas para volar (figura 12, p. 60). Si le cortamos la punta a una de ellas, volará en círculos. El problema sería el mismo si una de las alas fuera más fuerte que la otra, no importa cuánto más. Para tener éxito en la vida es necesario que los dos hemisferios cerebrales estén en equilibrio. Tenemos que ser capaces de trabajar con los dos lados del cerebro.

Los dos hemisferios, el derecho y el izquierdo, tienen funciones distintas (figura 13, p. 60). Procesan la información de forma diferente. Y, por ello, se complementan, ampliando nuestras posibilidades de comprensión y actuación en el mundo. Para explicar las diferentes habilidades de cada hemisferio, exageraremos un poco.

Veamos, para empezar, a un individuo en el que predomina el hemisferio **izquierdo**: tiene una gran capacidad para las matemáticas, puede hacer cualquier cuenta de memoria, pero es cajero en una pequeña tienda del centro, donde trabaja desde hace quince años y donde seguirá trabajando los veinte siguientes. Este individuo, que sólo tiene desarrollado el hemisferio izquierdo, será inteligente, lógico, detallista, meticuloso, objetivo y disciplinado, y todos quedarán impresionados con su capacidad matemática. Pero ganará poco más que el salario mínimo.

En el otro extremo encontramos a un artista brillante, que pinta cuadros maravillosos. En su cerebro predomina el hemisferio

> ¿De qué sirve la razón si se deja dominar por la emoción? ¿De qué sirve la emoción si se deja sojuzgar por la razón?
>
> LAIR RIBEIRO

Fig. 12

Fig. 13

HEMISFERIO IZQUIERDO	HEMISFERIO DERECHO
Detallista	Amplio
Mecánico	Creativo
Substancia	Esencia
Blanco y negro	Colores
Escéptico	Receptivo
Lenguaje	Meditación
Lógico	Artístico
Cerrado	Abierto
Precavido	Aventurero
Repetitivo	Innovador
Verbal	Visual
Analítico	Sintético

derecho. Es intuitivo, sensible, generoso, está dotado de un gran sentido de la estética y tiene una profunda visión de la ética. Está en paro y pasa necesidad; guarda sus cuadros en el trastero. ¿Conoces el caso de Van Gogh? Pintó más de mil seiscientos cuadros en su vida y ¡sólo vendió uno! Vivió y murió en la miseria.

Eso-sí

Cuanto mejor aceptes tus errores, más aprenderás de ellos para **hacerlo bien** la próxima vez.

El secreto consiste en **equilibrar los dos hemisferios**. En la sociedad occidental, la educación generalmente pone el énfasis en el desarrollo del hemisferio **izquierdo**. Para compensar esta hipertrofia y conseguir el equilibrio, nuestro trabajo (en los cursos y en este libro) se centra en la expansión del hemisferio **derecho**, vía de entrada al inconsciente. Obtener conocimientos del inconsciente parece cosa de magia. Es interesante observar que en pocas ocasiones los individuos perciben sus propias limitaciones. Cuando ayudamos a la gente a desarrollar su inteligencia oímos cosas como: «Yo creía que era inteligente, pero ahora veo hasta qué punto tengo que mejorar». Lo que ocurre es que han cambiado las referencias. No importa lo bueno que seas, siempre podrás ser mejor.

Hay una gran diferencia entre **no estar enfermo y**

estar sano. La mayoría de las personas no sufren enfermedades, pero sólo pocas están sanas. Estar sano significa tener la energía necesaria para hacer todo lo que deseas en la vida. Es la misma diferencia que hay entre la carta de un restaurante y la comida en sí: pertenecen a dominios distintos. Hay gente que va al restaurante y cree que comerá lo que hay en la carta; lo que come es lo que sale de la cocina. No estar enfermo y estar sano pertenecen a ámbitos distintos.

También hay una gran diferencia entre no ser un fracasado y tener éxito: pertenecen a ámbitos distintos.

Nadie nos ha enseñado nunca a utilizar nuestra energía. «Estoy cansado, necesito dormir», es algo que se oye con frecuencia. Tenemos la falsa impresión de que al dormir recuperamos energía. Cuantos más problemas tengamos, cuanto mayor sea la depresión, más horas de sueño necesitamos.

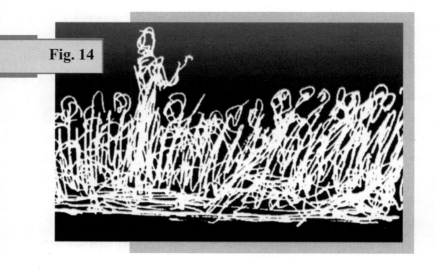

Fig. 14

La figura 14 (p. 62) nos servirá para mostrar la diferencia de percepción entre los dos hemisferios cerebrales. Si preguntamos al lado izquierdo qué hay en esa figura responderá que un montón de garabatos. Mientras que el hemisferio derecho verá una orquesta con su director. Aquí está la diferencia: el derecho encuentra un sentido donde no lo hay. Quien consigue integrar los dos hemisferios en su vivir diario dispone de mayor inteligencia y percibe más oportunidades en el mundo.

Ya dijimos que el secreto reside en el equilibrio entre los dos hemisferios. Este libro se propone ser práctico y objetivo, aunque hagamos hincapié en la importancia del hemisferio derecho (tan poco valorado en nuestra sociedad) y en la fuerza del inconsciente. Y si tocamos este tema es para que se puedan entender con más profundidad algunas técnicas que se han aplicado con éxito en la mejora de la **autoestima**.

- 7 -
Escasez y abundancia
La elección depende de la percepción

El Universo es potencialmente abundante, se formó para que todos saliéramos ganando. Para que yo gane no es necesario que tú pierdas. A no ser que insistas, y entonces el problema es tuyo. Tus convicciones influirán en tu **percepción**, y tu percepción también dependerá de tu intención. **La abundancia es un derecho universal**. El hambre y la miseria son incongruentes con la naturaleza. El sufrimiento es la manifestación de la ausencia de armonía con uno mismo y con las leyes universales. Hambre o abundancia, sufrimiento o felicidad, dependen básicamente de la elección y la percepción de cada cual.

MEJORA TU AUTOESTIMA
Lo semejante se atrae

El primer ejercicio fundamental para mejorar la autoestima es la **relajación**. En el colegio aprendemos que el trabajo ennoblece y es saludable. De acuerdo. Pero eso sólo es válido cuando también sabemos hacer que el cerebro entre en ritmo alfa, que se relaje. Existen distintas técnicas de relajación, como las respiratorias, las músicas especiales, los mantras de meditación, el masaje, el yoga, etc. Pocos conocen la diferencia entre **estrés** y **distrés**.

El estrés es algo bueno, pues está relacionado con la emoción de realizar cosas y aporta energía. Pero si me preocupo y me pongo ansioso ante cualquier tarea, eso es «distrés», y es perjudicial. Los únicos lugares en el mundo donde no se conoce el estrés son los cementerios. La gente que habita allí no tiene problemas de estrés: la «vida» es tranquila, relajada, sin problemas.

El siguiente ejercicio es la **visualización**. Con una visualización bien hecha, el cerebro no distingue si se trata de algo que ocurrió o algo imaginado. Da lo mismo. Citaremos una investigación que demuestra que así es. Se realizó en la Universidad de Yale, donde se seleccionó a 30 estudiantes que nunca habían disparado un arma. Los seleccionaron después de unas prácticas de tiro porque obtuvieron la misma media de aciertos.

A continuación los dividieron en tres grupos: el primer grupo se entrenó veinte minutos al día, cinco días a la semana, durante seis semanas; el segundo grupo fue al campo de tiro el mismo número de veces que el primero, pero se pidió a los estudiantes que imaginaran que estaban tirando al blanco mientras con las manos hacían el gesto de disparar; el tercer grupo también iba al campo de tiro, pero a sus integrantes se les dejaba a su aire, no se les pedía que se entrenaran ni que visualizaran. Al cabo de seis semanas se repitieron las pruebas de tiro para todos los estudiantes, y los resultados fueron estos: el primer grupo, el de aquellos que se habían entrenado con el arma, mejoró en un 83 por ciento; el segundo grupo, que se dedicó simplemente a visualizar los disparos, mejoró en un 82 por ciento, mientras que el tercer grupo, el

> Nos ahogamos en información, pero estamos sedientos de conocimiento.
>
> JOHN NAISBITT

de los que no se entrenaron ni visualizaron, presentó los mismos resultados previos al experimento.

Así quedó demostrado que el arma fue ni más ni menos que un instrumento para centrar la mente. Al igual que las manos y los ojos. ¿Quiere decir eso que es posible entrenarse para un deporte sólo con la mente? Claro que sí, mediante la visualización.

La tercera cuestión en relación a la autoestima es saber **aceptar los errores**. ¿Cómo aprendemos a andar? Cayendo y levantándonos. Nos caemos y nos levantamos, nos caemos y nos levantamos, hasta que nos sale bien. Si en algún momento durante ese entrenamiento para aprender a andar, siendo aún un bebé, hubieras dicho: «No lo conseguiré, no servirá de nada que lo intente», hoy no andarías. Pero esa no es la labor

Eso-sí

Trabaja tus **puntos fuertes** que lo demás ya se fortalecerá.

del bebé: va probando y equivocándose hasta que un buen día ya sabe andar. En nuestra educación, no obstante, equivocarse es un pecado, y a resultas de ello nuestra autoimagen se va deteriorando. Así que ya es hora de recordar al bebé persistente que fuimos.

Todo lo que es importante en la vida no tiene por qué salir bien a la primera. Tenemos que estar prepara-

dos para aprender de nuestros errores. Si dices: «No quiero equivocarme», te será mucho más difícil progresar en la vida. Cuanto mejor aceptes tus fallos, más aprenderás de ellos y mayores posibilidades tendrás de que la próxima vez te salgan bien las cosas. De este modo —aprendiendo, acertando, progresando— confiarás más en ti y tendrás más autoestima.

Eso-sí

Los errores son grandes momentos en nuestra existencia, pues crean oportunidades para nuestra autorrealización. Otro ingrediente de la autoestima es **sonreír**. ¿Sabías que para fruncir el entrecejo utilizamos 32 músculos, mientras que para sonreír sólo 28? Sonríe, por favor, aunque sólo sea por economía.

La sonrisa es muy importante para mejorar la autoestima. Cuando sonríes, aun sin sentir nada, tu cerebro recibe el mensaje de que todo va bien. Existe una conexión directa entre la sonrisa y el sistema nervioso central. Cuando sonreímos, liberamos en el cerebro una hormona llamada beta-endorfina, que lleva a la mente un mensaje positivo. ¿Sabías que las mujeres sonríen mucho más que los hombres? Varios estudios lo demuestran. Y como probablemente ya sabrás, las mujeres viven, por término medio, ocho años más que los hombres. ¿Tendrá la sonrisa algo que ver en ello? ¡Claro que sí!

En un estudio realizado en un hospital psiquiátrico, se sometió a dos grupos de personas que padecían depresión al mismo tratamiento con medicamentos, pero a los integrantes de uno de esos grupos, además, se les marcó con esparadrapo la boca de modo que parecía que sonrieran.

Los pacientes de este grupo mostraron una mejoría mucho más rápida, pues, al sonreír, aunque fuera de una manera involuntaria, mandaban al cerebro un mensaje de felicidad.

Todos sabemos que, por cuestiones culturales, los japoneses sonríen cuando están junto a otra persona. En un experimento realizado hace poco, se pidió a un grupo de japoneses que asistieran a la proyección de una película de terror con un catéter en la vena que debía recoger muestras de sangre para conocer la concentración de catecolaminas, las hormonas del estrés; al mismo tiempo, se les medía también el ritmo cardíaco. Se crearon entonces dos situaciones distintas: en la primera, los sujetos asistían a la proyección acompañados, y así

Vive
el presente.
Planifica
el futuro.

resultaba que cuando aparecía una escena de terror, miraban a la persona que estaba a su lado y sonreían. A continuación veían la película solos, de modo que no tenían a quien sonreír. La concentración de catecolaminas en la sangre y el ritmo cardiaco eran muy inferiores en la primera situación que en la segunda, lo cual demostraba que la sonrisa provocaba una reacción que disminuía la liberación de la hormona del estrés.

Otra actitud importante para reforzar la **autoestima** es la capacidad de **darse**, de prestar servicios útiles al prójimo, a la comunidad, sin interés económico. Haz cosas gratuitamente y comprobarás que el mundo te devolverá la donación. Pero esto no significa que no debas valorar tu trabajo. Practica la táctica «Robin Hood»: cobra caro al rico y ayuda al necesitado. Además de eso, practica la generosidad, dando en ocasiones incluso a quien no lo necesita. Debemos practicar tanto la caridad como la generosidad.

Eso-sí

Otra cuestión fundamental son las personas que nos rodean. Si vives entre pavos, te resultará muy difícil aprender a volar como un águila. Si convives con personas negativas, te será difícil desarrollar una autoestima sana. Aunque esto no significa que dejes de lado a la gente que te necesita, debes saber escoger ambientes y amis-

Fig. 15

tades que sean propicios para tu felicidad. Si tú no estás bien, no conseguirás ayudar nunca a otros para que lo estén, y este círculo vicioso acabará siendo perjudicial para todos. Siempre se ha dicho que tenemos que trabajar nuestros puntos débiles en la vida. Pero esto no es correcto. En realidad, **debemos concentrarnos en nuestras cualidades.**

> Un recuerdo amargo no enmienda el pasado.
>
> ANDRÉ LUIZ

Si mido un metro y medio de altura, ya puedo entrenar 24 horas al día, 365 días al año, que nunca me seleccionarán para jugar al baloncesto; la altura no es una de mis cualidades. Así que no perderé el tiempo aprendiendo a jugar al baloncesto. Intentaré desarrollar alguna cualidad innata que tenga, y me centraré en ella. Trabaja en aquello que eres bueno, que lo demás ya vendrá. La figura 15 (p. 72) representa a un «gran» jugador de baloncesto junto a un jockey experimentado, ganador de innumerables premios. ¿Te imaginas al jugador de baloncesto participando en una carrera de caballos? ¡Pobre caballo! Probablemente ni siquiera echaría a correr. ¿Y al jockey jugando al baloncesto?

A excepción de los polos magnéticos y de la electricidad, en la vida **lo semejante se atrae.** Veamos, si no: abres el grifo de casa y sale agua; el agua se va por el desagüe, de ahí pasa al río o a un canal y va a parar al mar. El agua va al encuentro del agua. ¿Al encuentro de quién va el dinero? Del rico y no del pobre. El éxito acompaña a la gente de éxito. El amor se dirige a quien siente amor. El odio es para quien siente odio. Las cosas semejantes se atraen. Piensa un momento en tu mejor amigo y comprueba cuántas cosas tenéis en común.

Si piensas en aquellos momentos de tu vida en que tuviste éxito, más te sonreirá el éxito. Establece un nexo con el éxito del pasado (que sea profesional, afectivo, personal o espiritual no importa, lo importante es la experiencia del éxito), reafírmate en la misma disposición mental de aquella vivencia, visualiza ese éxito en tu vida presente y de este modo estarás atrayendo el éxito hacia tu futuro.

El éxito atrae al éxito, pero eres tú mismo quien crea tu éxito.

El éxito acompaña a quien tiene éxito. El amor, a quien siente amor.

- 8 -
El amor incondicional
La emoción, más allá de la razón

Aceptar a los demás, sin juzgarlos, sin expectativas, es algo fácil de decir y difícil de hacer. **El miedo siempre es el problema; el amor siempre es la solución**. Amar incondicionalmente significa celebrar  la inteligencia divina trascendiendo todos los miedos. Es un constante desafío para el equilibrio de la dualidad razón-emoción. Este equilibrio significa vivir el eterno ahora, sin resentimientos del pasado ni expectativas de futuro. Al amar incondicionalmente aprendes a codificar el futuro sólo como una **posibilidad** y no como una **expectativa**. Una expectativa incumplida genera frustración. Una posibilidad, aunque no se concrete, sigue siendo una posibilidad. Vive el presente y planifica el mañana.

PUEDES CAMBIAR TU VIDA

Cuando aprendes a integrar los dos hemisferios del cerebro, el derecho y el izquierdo, y a desarrollar positivamente tu autoestima, los milagros se presentan en tu vida.

Podríamos comparar nuestra autoestima con esos frascos de vidrio que contienen caramelos de distintos tamaños y formas (figura 16, p. 78). Supongamos que los caramelos redondos corresponden a los mensajes negativos que has asimilado desde la infancia: soy un estúpido, soy feo, nada me sale bien, no gusto a los demás…, todas aquellas cosas que entraron en tu cabeza sin que tú lo desearas. Existen tres etapas básicas en el desarrollo del ser humano:

La primera va del nacimiento hasta los siete años de edad; es un periodo en el que el cerebro funciona como una esponja: no nos cuestionamos nada, sólo absorbemos; estamos conscientes, pero no tenemos conciencia de que así sea, pues no existe capacidad cognitiva. Si durante esta etapa, por ejemplo, te dicen: «El dinero es algo sucio», «El dinero no crece en los árboles» o «La gente rica no va al cielo», entonces cuando crezcas no conseguirás ganar dinero y no entenderás por qué. Son mensajes que se alojan en el inconsciente. Hacia los siete u ocho años el niño sufre una transformación y pasa a desarrollar la capacidad cognitiva: ya piensa, razona y empieza a hacer lo que conocemos como modelarse, es decir, no hace lo que le decimos, sino lo que hacemos, pues somos su modelo; se convierte en un gran observador de las actitudes de los adultos.

De los 14 a los 21 años viene la fase de socialización: ya no quiere seguir el ritmo de vida de los padres durante el fin de semana, sino que prefiere quedarse con los amigos.

Vivimos nuestra vida según un modelo que no hemos elegido. Vivimos según un programa que se fue instalando en nuestra mente hasta los siete años de edad. No hemos tenido la opción de escoger la religión a la que

Perdona a tu enemigo, pero no lo confundas con un amigo.

PAULO COELHO

Fig. 16

pertenecemos: alguien instaló esas ideas en nuestra cabeza. Así que ni nuestros prejuicios ni nuestras opiniones nos pertenecen del todo. Si no estás de acuerdo con lo que digo, hagamos una prueba: intenta cambiar el equipo de fútbol —o de lo que sea— del que seas aficionado. No lo conseguirás, pues tus preferencias y tus valores más subjetivos están instalados en tu estructura mental y muchas veces ni te habrás dado cuenta de que es así.

Deja que las **experiencias**
y los mensajes positivos
vayan substituyendo a los
negativos en tu
autoestima.

No obstante, si cambias tu estructura podrás cambiar tu vida. Volvamos al ejemplo del frasco con caramelos de distintas formas (figura 16): los redondos representan las cosas negativas de nuestra autoestima que deseamos eliminar. Una manera de hacerlo consistiría en sacar los caramelos redondos de uno en uno hasta tenerlos todos fuera del frasco. Pero eso nos llevaría mucho tiempo, pues algunos sentimientos negativos son inconscientes y ni siquiera sabemos que existen. Otra manera sería colocar en el frasco, a presión, nuevos caramelos, de otras formas, mensajes positivos que obligaran a los redondos a abandonar el frasco.

Este recipiente lleno de caramelos, negativos y positivos, tiene su equivalente en nuestra mente. Las experiencias y los mensajes positivos pueden substituir el proceso negativo en nuestra autoestima. Al mejorar el sentido de autoestima de un individuo, el mundo también mejora.

- 9 -
Atracción en acción
Confirmar la semejanza

Tu energía fluirá hacia el aspecto en el que centres tu atención.

Sólo conseguirás atraer aquello que ya poseas.

Lo semejante se atrae. La vida es como el eco: si no te gusta lo que estás recibiendo, presta atención a lo que estás emitiendo. Cualquier manifestación en tu universo físico es coherente con tu emisión de energía.

Todo tiene un precio, nada es gratis en este Universo.

COMUNÍCATE POSITIVAMENTE CONTIGO MISMO

Los seres humanos se han servido del lenguaje para comunicarse desde hace decenas de miles de años. El lenguaje es el deseo de expresar lo que se experimenta en el cerebro. Aunque, por muy rico que sea, nunca podrá expresar por completo lo que sucede en nuestra mente. Por eso las personas no se comprenden las unas a las otras y, en consecuencia, hay problemas. Los malentendidos en la comunicación ocasionan pérdidas de dinero en el trabajo. En la escuela, está en juego el futuro de muchos niños, es decir, nuestro futuro.

Una comunicación deficiente con la familia y los amigos afecta al amor y la satisfacción. Cuando no nos entendemos bien a nosotros mismos, comprometemos nuestro éxito, nuestra felicidad y nuestra prosperidad. Podríamos evitar casi todo lo indeseable sólo comunicándonos eficazmente.

Podemos empezar con la **comunicación interior**, es decir, la comunicación contigo mismo. En este caso, para conseguir lo que deseas es de suma importancia el lenguaje que utilices. Por desgracia, el 95 por ciento de la población del mundo mantiene una «conversación negativa». Ya hemos dicho que hasta la edad de ocho años escuchamos más de cien mil veces la palabra «no». De modo que tenemos el cerebro condicionado para una conversación negativa, razón por la cual nos centramos más en lo que «no» queremos que en lo que deseamos. Por ejemplo, en lugar de decirnos «quiero tener éxito», decimos «no quiero fracasar»; o en lugar de decir «quiero estar delgado», decimos «no quiero estar gordo». El subconsciente va directo al grano, como veremos a continuación en el siguiente ejemplo: deja de leer un instante y levanta tu mano derecha. Hazlo ahora. ¿La has

La vida es aquello que ocurre mientras tú estás haciendo otros planes.

JOHN LENNON

levantado? Si te hubieran hipnotizado, habrías levantado sólo la mano, y no la mano y el antebrazo, como probablemente habrás hecho. El inconsciente va directo al grano. Y el grano de una frase negativa no es el **no**. Por ejemplo: ¡**No pienses** en el color rojo! ¡**No pienses** en una manzana! Como te habrás dado cuenta, ya es demasiado tarde. Incluso destacando el «no pienses», ciertamente has pensado en el color rojo y en la manzana. Tal vez, incluso, en una manzana roja. Lo mismo ocurre cuando dices: «**No quiero fracasar**». Tu subconsciente está registrando «**fracasar**», y tú, sin darte cuenta, te estarás preparando para fracasar.

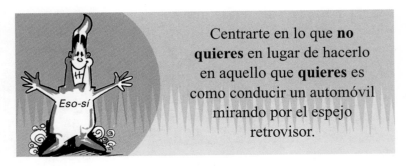

Eso-sí

Centrarte en lo que **no quieres** en lugar de hacerlo en aquello que **quieres** es como conducir un automóvil mirando por el espejo retrovisor.

Conducir pendiente del espejo retrovisor sirve para saber de dónde vienes, pero no para saber adónde vas. Así que una manera de mejorar nuestra existencia en este planeta consiste en aprender a utilizar mejor el lenguaje cuando hablamos con nosotros mismos, escuchando la voz que suena dentro de nuestra cabeza. ¿Qué voz? Esta que te está preguntando: «¿Qué voz?».

Cambiando el modo en que nos comunicamos con nosotros mismos podremos cambiar nuestra representación interna y, en consecuencia, el estado emocional en el que nos encontramos. Abandonar viejos diálogos internos que nos proporcionan una sensación de seguridad y control, requiere una determinación por nuestra parte.

- 10 -
La paradoja universal
Aceptar lo inaceptable

La **autoaceptación** es un concepto que recogen todas las religiones y escuelas filosóficas. Aunque resulte difícil entender por qué, la noción paradójica del Universo nos inspira las razones de este concepto.

Somos en la vida aquello que rechazamos ser. Cuando alguien afirma, por ejemplo: «¡No quiero ser como mi madre!», está dando el primer paso para ser igual a ella, y todos, menos él, se darán cuenta de que es así.

Si por ti no puedes, te verás obligado. Por eso te convertirás en aquello que no deseas ser.

Y si por ti puedes, la voluntad substituirá la obligación. Por eso, lo que tú aceptes tal vez se convierta en realidad o tal vez no. Depende de lo que tú quieras.

El verdadero cambio en ti sólo llegará cuando aceptes a los demás tal como son y te aceptes a ti tal como eres.

Para ganar esta carrera empieza por apartar el pie del acelerador, respira, y mira alrededor de ti y en tu interior.

UNA MONEDA
EN EL FONDO DEL MAR

Ante todo nos comunicamos con nosotros mismos. Pero es fundamental para nuestra supervivencia, a continuación, que nos comuniquemos adecuadamente con el mundo que nos rodea.

El hombre es un animal social. Este libro se ha hecho realidad gracias a la acción de quien fabricó el papel, de quien escribió el texto, de quienes lo revisaron, de quien dibujó las figuras, de quien manejó la impresora, de quien suministró la energía eléctrica, etc. En todo lo que vayas a hacer dependes de la sociedad.

Somos animales sociales y tenemos que comunicarnos indefinidamente.

Eso-sí

La habilidad de expresarse es, con toda probabilidad, la más importante de las que pueda hacer gala una persona. Después de la alimentación, la comunicación es la más básica y vital de todas nuestras necesidades.

Sir Francis Bacon decía que el conocimiento es poder. Para mí eso no es del todo cierto. En cualquier caso, el conocimiento es poder en potencia. ¿Cuál es el valor de una moneda de oro perdida en el fondo del océano, donde nadie pueda alcanzarla? Ninguno. ¿Cuál es el valor de un individuo con un espléndido conocimiento, con la Enciclopedia Británica en la cabeza, si no se comunica con nadie? ¡Cero! El conocimiento no tiene valor sin la acción.

El mundo te juzga de cuatro modos distintos, según cómo te comuniques con él:

- **Por lo que haces.**
- **Por tu apariencia.**
- **Por lo que dices.**
- **Por cómo lo dices.**

¿Qué haces? Lo que haces tiene que ver con la comunicación porque, para tener éxito, tan importante como lo que haces es cómo defines, cómo expresas ver-

balmente, tu profesión. Estás leyendo este libro porque habrás oído decir que el doctor Lair Ribeiro es médico, estudió en la Universidad de Harvard, trabajó en Estados Unidos durante 17 años y es cardiólogo, además de haber dado conferencias por todo el mundo y ser autor de doce obras, éxitos de ventas en Brasil.

El modo en que describes lo que haces es esencial para tu propia autoestima. Cuentan que dos picapedreros trabajaban en la construcción de un muro de la catedral de Notre-Dame, en París, y que uno de ellos se refirió a su trabajo con estas palabras: «Me dedico a poner piedra sobre piedra». En cambio, el otro dijo: «Estoy construyendo una catedral para la posteridad».

¿Cuál es tu apariencia? Imagina que llegas a uno de mis cursos y te encuentras con un individuo sin afeitar, con larga cabellera, la camiseta sucia, pantalones tejanos rotos por la rodilla, zapatillas deportivas agujereadas y fumando un puro. Seguramente pensarías que te has equivocado de curso. ¿Este tipo es el que me va a hablar del éxito? ¿Es él quien pretende enseñarme a ampliar mis horizontes?

Cualquier generalización es falsa, incluida esta.

OLIVER W. HOLMES

Te explicaré un experimento que hace años se realizó en el metro de Nueva York. Escogieron a un grupo de estudiantes y a cada uno de ellos le dieron 50 centavos (por aquel entonces el metro costaba 75 centavos) y la consigna de que tenían que pedir los 25 que les faltaban para completar el precio del billete. Se dedicaron a esta tarea durante una hora y, aproximadamente, recaudaron seis dólares. A continuación, les pusieron una corbata para que siguieran pidiendo una hora más: así consiguieron entre 17 y 18 dólares. Entonces a alguien del equipo se le ocurrió argumentar que durante la segunda hora habían recaudado más porque la primera les había servido de entrenamiento. Así que al día siguiente se repitió la prueba, pero al revés: durante la primera hora, con corbata, y durante la segunda, sin ella. El resultado fue el mismo, es decir, con corbata recaudaban tres veces más.

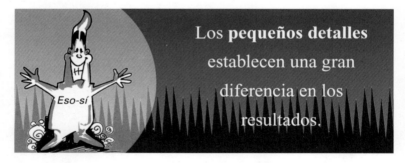

Los **pequeños detalles** establecen una gran diferencia en los resultados.

Eso-sí

En Estados Unidos hay ejecutivos que no son ascendidos porque rechazan ponerse corbata. Esta es una costumbre que puede cambiar, pero en estos momentos la corbata es un símbolo de prestigio y respeto en muchos ámbitos profesionales o sociales. Aunque también hay profesiones en las que lo que cuenta no es la corbata, sino otro tipo de ropa o de equipo de uso personal en buen estado: ¿confiarías tu salud a un médico con la bata manchada de sangre, las gafas rotas o el estetoscopio deteriorado?

Otro aspecto importante en relación a la apariencia personal es la conveniencia de la ocasión. Yo no voy a la playa con pantalones largos y zapatos de vestir, ni voy a misa con un disfraz de carnaval. En Brasil decimos: «Si quieres jugar en el Flamengo, no entres en el campo con la camiseta del Fluminense». «Para servir en el ejército de tierra no vistas el uniforme de la marina.» Una buena apariencia implica vestir de acuerdo con el momento y con la profesión que se ejerza.

Eso-no

Los pequeños detalles establecen una gran diferencia en los resultados. Recuérdalo: sólo tendrás una oportunidad de causar una buena primera impresión cuando conozcas a alguien. El juicio que nos hacemos de una persona depende de los primeros tres o cuatro minutos de contacto. La imagen que nos hacemos de ella en esos tres minutos durará veinte años; es muy difícil borrarla o cambiarla. **Nunca tendrás una segunda oportunidad de causar una buena primera impresión.**

- 11 -
Trascendencia y libre albedrío
Elige ser libre

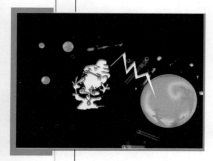

Por medio de la mente, el ser humano es potencialmente capaz de mitigar o trascender los acontecimientos predeterminados por fuerzas kármicas o astrológicas. Siempre es posible, para cualquier persona, elegir cómo reaccionar ante cualquier situación.

Quien se deja llevar por las circunstancias pasa a formar parte del problema. No obstante, si te conviertes en observador de ti mismo y actúas con integridad y compasión, dispondrás de la habilidad de dar una connotación positiva a un suceso desagradable en el momento que tenga lugar.

En este caso, **trascender** significa superar una situación y empezar de nuevo. Nosotros, los seres humanos, somos animales lingüísticos y por ello tenemos la capacidad de trascender cualquier instante de nuestra existencia. Si el libre albedrío no nos concediera esa trascendencia, sería incoherente, una trampa cósmica.

COMUNICARSE PLENAMENTE

¿**Qué dices?** Esta es otra manera por la cual serás valorado en tu comunicación con el mundo. ¿Es interesante lo que dices para quien te está escuchando? ¿Tiene sentido? ¿Aporta algo? Cada persona con la que nos relacionamos tiene un campo de intereses y un código propio para comunicarse. Si te relacionas con albañiles, por ejemplo, no hablarás con ellos de la misma manera que con el director de un banco. Está claro que tu personalidad es única, pero para comunicarte con el mundo de una manera eficaz, necesitas utilizar el idioma del lugar en el que te encuentras.

Y para tener éxito en tu comunicación, es necesario que estés preparado

para lo que vas a decir, además de decirlo de un modo tranquilo, con seguridad y de forma atractiva.

¿Cómo lo dices? La forma de decir las cosas es tan importante como lo que quieres comunicar.

Según cómo lo hagas, modificarás el sentido de las palabras. Veamos, por ejemplo, esta frase:

▶ *Yo no dije que él robara el dinero.*

Ahora vuelve a leerla poniendo el énfasis en la primera palabra.

▶ ***YO** no dije que él robara el dinero.*

(¿Quién lo dijo?)

Ahora léela varias veces poniendo el énfasis en otras partes de la frase.

▶ *Yo no **DIJE** que él robara el dinero.*

(¿Recuerdas que lo dijera?)

▶ *Yo no dije que **ÉL** robara el dinero.*

(¿Quién lo robó?)

▶ *Yo no dije que él **ROBARA** el dinero.*

(¿Cómo lo consiguió?)

▶ *Yo no dije que él robara el **DINERO**.*

(¿Qué robó, entonces?)

La misma frase tiene cinco significados distintos, que dependen de dónde pongas el énfasis.

Además de la comunicación verbal, hay aspectos significativos de la comunicación no verbal, como los gestos o la postura corporal, que también influyen decisivamente en lo que estás diciendo, hasta el punto incluso de que resulten creíbles o no tus palabras. Un aspecto importante, que poca gente percibe, es el **movimiento de los ojos** (figura 18, p. 98).

¿Te has dado cuenta de que cuando estás hablando tus ojos se mueven? Esto pertenece al ámbito de la neurofisiología. Según la dirección hacia la que se mueve el ojo es posible saber qué parte del cerebro se está activando. Cuando miramos hacia arriba, estamos usando imágenes para pensar. Si es hacia arriba y a la derecha, creamos imágenes nuevas; si es hacia arriba y a la izquierda, nuestro cerebro está recordando imágenes.

Si durante una entrevista de trabajo preguntas al solicitante si tiene experiencia en un puesto similar y al responder mira hacia arriba y a la derecha, probablemente estará mintiendo antes incluso de hablar.

Ya lo sabes, con este movimiento de los ojos está creando imágenes de un hecho que todavía no ha ocurrido. El cuerpo no miente.

LOS OJOS SON LAS VENTANAS DEL ALMA

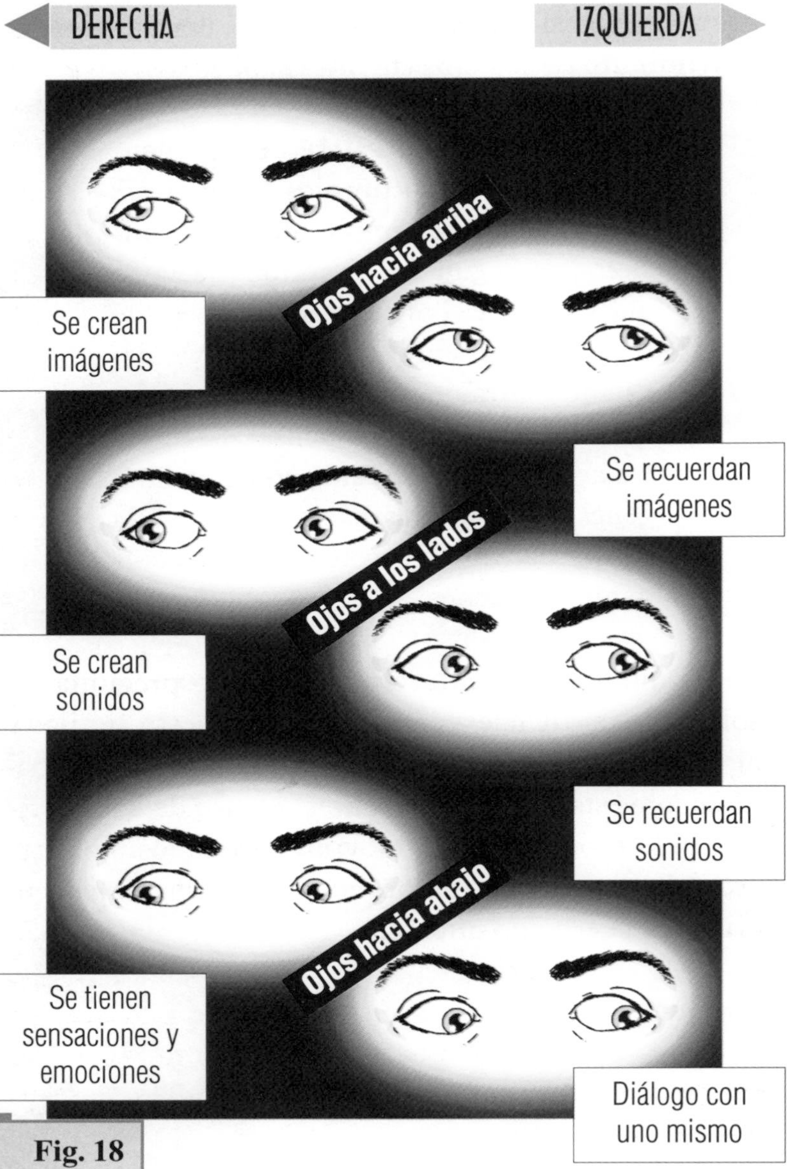

◄ DERECHA   IZQUIERDA ►

Ojos hacia arriba

Se crean imágenes

Se recuerdan imágenes

Ojos a los lados

Se crean sonidos

Se recuerdan sonidos

Ojos hacia abajo

Se tienen sensaciones y emociones

Diálogo con uno mismo

Fig. 18

Cuando movemos los ojos horizontalmente activamos el campo auditivo, es decir, nuestro cerebro trabaja con el sonido. Cuando miramos hacia abajo y a la izquierda, hablamos con nosotros mismos. Cuando miramos hacia abajo y a la derecha, abrimos el canal cinestésico, el de las emociones y los sentimientos (se trata de la propiocepción, es decir, la sensación del propio cuerpo). La propiocepción es lo que nos permite saber si un dedo de nuestra mano está abierto o cerrado sin mirarlo.

Eso-sí

Tu comunicación será mucho más eficaz cuando tu cuerpo y tu mente estén **en sintonía.**

«Fulano está cabizbajo.» Esta expresión de uso común demuestra que todos sabemos que una persona deprimida siempre está mirando hacia abajo. No es posible deprimirse mientras se juega a voleibol, por ejemplo. En muchos países existe una línea telefónica especial para atender a las personas deprimidas que pretenden suicidarse. Cuando se llama, quien atiende al teléfono intenta convencer a su interlocutor de que desista de sus intenciones. Por lo general, esta persona pregunta a quien llama hacia dónde está mirando. La respuesta es siempre la misma: hacia abajo. En ese momento se le pide que mire hacia arriba para frenar el impulso del suicidio. Por supuesto, la atención que se ofrece no queda ahí, pero este es un paso decisivo que se da sólo con los ojos.

Comunicarse es como bailar. Cuando una pareja de bailarines lo está haciendo bien, en sintonía, es difícil distinguir quién está llevando a quién. Cuando todos los elementos de nuestro cuerpo y nuestra mente están sintonizados en el mismo mensaje, nuestra comunicación tiene una fuerza capaz de convencer a cualquiera.

Eso-sí

La vida es un **eco**. Si no te gusta lo que estás **recibiendo**, presta atención a lo que estás **emitiendo**.

Nos centraremos ahora en nuestra comunicación con el mundo exterior, alrededor de nosotros. Experimentamos los acontecimientos externos a través de los sentidos.

Tenemos conocimiento de un suceso cuando recibimos la información procedente de nuestros canales sensoriales: **el visual**, lo que vemos; **el auditivo**, lo que oímos; **el cinestésico**, las sensaciones exteriores como la presión, la temperatura y la textura, además de los sentimientos (alegría, tristeza, etc.); **el olfativo**, lo que olemos, y **el gustativo**, los sabores que sentimos.

No todas las personas tienen exactamente las mismas preferencias y habilidades en relación a los estímulos sensoriales. Las hay que prefieren el canal visual («Ver para creer»); otras tienen que oír («Una palabra vale más que mil imágenes»), y también hay quien prefiere oler, saborear o «sentir» lo que está sucediendo.

Imagínate a una pareja en la que él es visual y ella es auditiva. La mujer le dice al marido: «Ya no me quieres». Y él responde: «¿Qué quieres decir con eso? Siempre te traigo flores, te he comprado un coche nuevo...». «¡Ya!, pero no me **dices** que me quieres.» Ella es auditiva, y quiere oír: «Te quiero». Él es visual y muestra su amor a través de regalos. Si la situación fuera al revés, él diría: «Te quiero», y ella respondería: «Pero no has vuelto a regalarme flores».

Si él fuera cinestésico, le gustaría que le tocaran, permanecer cerca de los demás. Cuando una

El significado de tu comunicación es la reacción que obtienes.

persona visual habla con alguien cinestésico se aparta un poco para disponer de una visión global de la situación, mientras que el cinestésico intenta aproximarse aún más para sentir mejor al otro.

Durante una presentación, el buen comunicador se sirve de todos los recursos de comunicación: utiliza diapositivas para satisfacer a los visuales, habla alto y en distintos tonos para llegar a los auditivos y se mueve por la sala para captar el interés de los cinestésicos.

Lo esencial es invisible a los ojos

Antoine de Saint-Exupéry

- 12 -

Agradecer y arriesgar

Gratitud y prosperidad

Para recibir hay que dar. Para llegar a nuevos territorios hay que arriesgarse. Y hay que dar las gracias para reforzar y elevar el funcionamiento de la vida. La gratitud es la madre de los demás sentimientos. Por lo general, reclamamos aquello que no tenemos y que nos gustaría tener, o aquello que tuvimos y perdimos.

Es raro encontrar a alguien que dé las gracias por aquello que tiene, o por aquello que no tiene y no le gustaría tener.

Hay una gran escasez de gratitud en el mundo de los seres humanos. Esta falta de gratitud genera desequilibrio e infelicidad en nuestra vida.

Da las gracias cada día por lo que tienes y te gustaría tener y el Universo seguirá proporcionándote no sólo eso, sino también cosas que no tienes y no sabes todavía que te gustaría tener.

TÚ MISMO DEBES HACER REALIDAD TUS SUEÑOS

Tener objetivos claros en la vida es fundamental para alcanzar el éxito. Resulta tan difícil llegar a un destino que no hemos previsto cómo volver de un lugar al que jamás hemos ido.

Cuando nos trazamos una meta, trabajamos en la construcción de nuestro propio destino.

¿Sabes cuál es la diferencia entre un sueño y una meta? Veamos: si tienes un sueño y te fijas una fecha para que se haga realidad, se convierte en una meta. ¿Te acuerdas de aquel buen libro que compraste, dejaste en la estantería y dijiste que «algún día» leerías? Se está llenando de polvo desde hace años porque «algún día» es una fecha que no existe en el calendario. Ese día nunca llegará. Si hubieras dicho: «Lo leeré de aquí a final de mes», encontrarías tiempo para hacerlo. Pero como dijiste que algún día lo leerías, tu subconsciente responde: «De acuerdo; cuando llegue "algún día" lo leeremos».

¿Piensas que alguien llega por casualidad, sin proponérselo, a la cima del monte Everest? Por supuesto que no. Para llegar allí arriba es necesario planear cada detalle, prepararse aproximadamente durante cuatro años, disponer de muchísimo dinero y tener acceso a mucha tecnología. Si no es así, se corre el riesgo de morir en el empeño. Sin planificación es casi imposible alcanzar grandes metas.

Nuestro cerebro no ha sido entrenado para que elabore planes. Muchos creen que eso representa demasiado trabajo. En realidad, planear es fácil, llega a ser una diversión. Basta con entrenarse.

Veamos también la diferencia entre **meta** y **finalidad**. Si me encuentro en Nueva York y decido viajar a Chicago, la ciudad de Chicago es la meta a alcanzar. Si estoy en Nueva York y deseo viajar hacia el oeste, al llegar a Chicago no termina el viaje: siempre habrá más oeste adonde ir; esto es una finalidad. Si descubres cuál es tu finalidad en la vida y alineas tus metas con ella el Universo conspirará a tu favor.

Otro secreto en relación a las metas es saber equilibrarlas. Para empezar, necesitamos un cuerpo sano capaz de sostener una mente sana. De nada sirve una mente brillante en un cuerpo enfermo. Pero eso no significa que debamos trazarnos sólo una **meta física**. Hay quien practica deporte durante todo el día sin pensar en nada más y cuando llega a los 50 años de edad y ve que su cuerpo empieza a deteriorarse sufre una gran depresión. Por no haber establecido otros objetivos, su vida pierde su finalidad.

Vivimos en un mundo material. Por ello es necesario tener una **meta económica**. Pero, paradójicamente, el dinero no vale nada. Sólo sirve para hacer cosas que no dependen esencialmente de él. Si no tienes otras metas además de las económicas, acabas siendo esclavo de la obsesión de ganar dinero, y te olvidas de realimentar tus energías, lo cual suele desembocar en una enfermedad.

Otra **meta** deseable es la **social**. El ser humano necesita vivir en comunidad. Pero no es conveniente hacer lo que hacen algunos, vivir de fiesta en fiesta, vagar de acá para allá. Para estar bien afirmado en el propio eje, es necesario tener raíces.

También es muy importante la **meta profesional**. Pero si sólo vives para eso y no te interesa otra cosa que tu carrera, y aquel ascenso que tanto esperabas finalmente no llega, serás un buen candidato para tener un cáncer a los 40 años.

Hay personas que se dedican a la familia, y sólo a eso. Pero tener sólo una **meta** familiar no lleva a ninguna parte. Los hijos crecen, se van de casa y, entonces, ¿qué ocurre? Se sufre lo que hoy en día se conoce como «síndrome del nido vacío». Es el caso de la mujer que dedica toda su vida a los hijos, sin hacer más, y se olvida incluso de sí misma, de realizarse. Los hijos crecieron —todos crecen—, se fueron de casa y la mujer no sabe ahora con qué llenar su tiempo.

No puedes obtener satisfacción de aquello que **no quieres**.

También es preciso tener una **meta espiritual:** es muy importante saber relajarse y entrar en contacto con otros niveles de conciencia. Pero no es posible dedicar a ello el día entero. Tenemos que cuidar del cuerpo. Si no prestas atención a lo material, tus condiciones de vida en el mundo se desequilibrarán, empezando por la salud. ¿Adónde crees que llegarás espiritualmente si fomentas el desequilibrio?

Finalmente, hablaremos de la **meta mental**. Hay personas que se dedican a memorizar la Enciclopedia Británica, la tienen toda en la cabeza; tanto es así que si la ladean se les desordena toda esa información. A pesar de todo, no hacen nada con sus conocimientos; no los ponen en práctica, no los enseñan a nadie. ¡Y ahí sí se puede hablar de una masturbación mental!

Eso-no

¿Cuáles son tus metas, materiales, emocionales, mentales y espirituales?

- 13 -

Manifestación física

Cuando la mente actúa como cocreadora

Todo lo que existe en el universo físico surgió en primer lugar en la mente. **El pensamiento es energía, y la energía sigue al pensamiento.** Los pensamientos generan sentimientos, que generan comportamientos. Los comportamientos tienen consecuencias en el universo físico, que a su vez generarán nuevos pensamientos, lo cual completa el ciclo de **pensar-sentir-actuar**.

Los pensamientos dependen de las creencias de la persona que los tiene. Si no te gusta lo que se manifiesta en tu universo físico, analiza lo que has pensado y las creencias que hay detrás de tus pensamientos. Cambia las creencias, renuévalas lingüísticamente, y en tu vida surgirán nuevas manifestaciones.

Tú estás al mando de tu nave. Saca las manos de los bolsillos, toma el timón con firmeza y determinación y pon rumbo hacia los mares que hayas elegido, aquellos que antes surcaste en tu océano mental.

PIENSA A LO GRANDE

Para ayudarnos a alcanzar nuestras metas hay algunos consejos y recomendaciones muy valiosos. La primera recomendación a destacar es: **escribe todo aquello que encuentres importante.**

En la Universidad de Harvard se realizó un estudio, en 1953, en el que se entrevistó a todos los estudiantes. Entre las preguntas que se les hicieron, había una sobre cuáles eran sus metas en la vida, qué querían alcanzar en el futuro. En la encuesta también se preguntaba a cada estudiante si había puesto por escrito esas metas. Sólo un 3 por ciento de los universitarios habían escrito qué iban a hacer en su vida.

Veinte años más tarde se entrevistó de nuevo a los estudiantes. Y saltó la sorpresa: aquel 3 por ciento de alumnos que había puesto por escrito sus metas había conseguido, en conjunto, un mayor poder económico que el 97 por ciento restante. Y no sólo eso, eran los más sanos, los más alegres, los más satisfechos con su vida de todos los ex alumnos encuestados.

Salta a la vista la importancia de escribir las cosas importantes en un papel. Si pides un crédito a un banco, tendrás que firmar pagarés y un contrato ante testigos y presentar avales. No basta con ir a ver al director, coger el dinero y prometer que ya se lo devolverás cuando puedas.

Todo lo que es importante tiene que estar registrado en un papel. ¿Y no es importante tu vida? La cuestión es que si pregunto a un grupo de personas qué harán de aquí a uno, dos, cinco o diez años, la mayoría de ellas dirá: «No he tenido tiempo de pensarlo».

Si no tienes tiempo de pensar en la cosa más importante, en tu vida, ¿en qué piensas entonces?

Vamos a hacer un ejercicio: escribe tus metas para los próximos seis meses, doce meses, 5, 10 y 20 años. Confía en mí, pon en práctica lo que te digo y después comprueba los resultados…

Ahí van otras recomendaciones importantes, presta atención:

Tiene que ser una **meta tuya**, no de otra persona. Hay gente que explica que se decidió a estudiar medicina porque ese era el deseo de sus padres. Nadie tiene derecho a elegir la vida de sus hijos. Puedes desear que tu hijo siga la carrera de medicina, pero no imponérselo, ¡nunca! Quien asume para sí una meta que no es suya, está comprando su propia infelicidad.

Tiene que tratarse de una meta personal, y debes **comprometerte** con ella. Estar comprometido es mucho más que involucrarse. Para desayunar, en un hotel sirven huevos con *bacon*; la gallina está **involucrada** en ese desayuno, pues proporciona los huevos, mientras que el cerdo está **comprometido,** pues se ha convertido en *bacon*.

Trázate **grandes metas**, ¡muy grandes! Si se lo cuentas a un amigo y no te cree, será señal de que es de buen tamaño. Cuando fui a estudiar a Harvard, en 1976, le expliqué a un compañero que en un plazo de tres años estaría enseñando cardiología en Estados Unidos. Él se rió y me respondió: «Pero si no sabes ni hablar correctamente inglés». No tardé tres años, sino ocho meses, en dar mi primera conferencia ante 400 cardiólogos en Washington D. C. Cuando mi amigo puso en duda mi afirmación, supe que estaba en el camino co-

No decidir ya es una decisión.

HARVEY COX

rrecto. La **meta** tiene que ser **concreta**. ¿Qué es lo que quieres? ¿Dinero? Un momento…, dinero ya tienes en el bolsillo, eso no sirve. «Quiero 50.000 dólares en el banco.» Eso sí, el cerebro lo entiende, pues has expresado un deseo concreto. El cerebro sólo entiende el mensaje cuando le explicas con exactitud lo que deseas. Entonces el subconsciente dice: «Perfecto. Pongámonos manos a la obra».

Eso-sí

Quien asume para sí una meta que no es suya, está comprando su propia infelicidad.

Que sea una meta **a largo plazo.** Tienes que tener un plan para tu vida; de no ser así, te molestará bastante que el jefe te llame la atención de buena mañana. Pero si estableces proyectos a largo plazo, este hecho ya no te incomodará tanto, pues tendrás la vista puesta más lejos, como quien sube a una montaña para disfrutar del paisaje. Puedes definir lo que harás de aquí a 5, 10, 15 y 20 años, y no en términos de detalles insignificantes, sino en los aspectos fundamentales. Con un plan de vida bien trazado es posible dividir el recorrido en etapas anuales, para cumplirlas paso a paso, por medio de tareas diarias. Lo que no sirve es simplemente esperar a que venza el plazo con la esperanza de encontrarse con la meta ya cumplida. No funciona así.

Haz tus planes con cuidado y seriedad. Si fallas al trazar un plan, estás planeando fallar.

Cuando alguien me pregunta cómo llegar a un determinado lugar, suelo preguntarle: «¿**Dónde estás?**». Mucha gente responde lo que quiere, pero no tiene ni idea de dónde está, de cuáles son sus cualidades, su potencial.

Hay gente cuya relación matrimonial es pésima y no percibe la crisis. Para hacer navegar el barco de tu vida, lo más importante es saber dónde te encuentras. Entonces, si sabes adónde quieres ir, tu cerebro te llevará hasta allí. También es importante que el objetivo sea práctico. No puede ser algo abstracto, vago, sin las condiciones necesarias para hacerse realidad. Debes saber cómo esperas que sea tu vida cuando llegues allí, qué vas a hacer con tus nuevos conocimientos.

Finalmente, recuerda lo que decíamos en el capítulo 9 acerca de la palabra «no». Este aspecto de la comunicación interior tiene mucho que ver con tus metas en la vida.

Cuando dices: «No quiero ser como mi padre», en tu cerebro se

> Nunca te desprendas de tus sueños, pues si ellos mueren tu vida será como un pájaro con un ala rota, que no puede volar.
>
> ÉRICO VERÍSSIMO

proyecta la imagen de tu padre, y acabas siendo igual que él. Esto es lo que registra tu subconsciente: «Quiero ser como mi padre». Por eso es tan importante que hablemos siempre en **términos positivos**. «Quiero estar delgado», en vez de «No quiero estar gordo». Cuando dices «No quiero estar gordo» lo que tu cerebro visualiza es «estar gordo», de modo que se programa para que engordes. Somos en la vida aquello que nos negamos a ser.

> El mejor momento para arreglar el tejado es cuando hace buen tiempo.
>
> JOHN F. KENNEDY

Los que son padres ya habrán pasado por esta experiencia. «Te he dicho mil veces —repiten— que no molestes a tu hermana pequeña», y el niño sigue molestándola. Cómo no iba a hacerlo si la parte más importante de la frase la forman las palabras «molestes a tu hermana». Lo mismo sucede con la frase siguiente: «No quiero que veas la televisión». Para «no verla», el cerebro primero tiene que verla. Para cambiar la actitud de sus hijos, los padres tienen que cambiar antes el lenguaje que utilizan con ellos. En vez de decir: «No hagas eso», pueden decir: «Haz aquello».

En lugar de decir: «No te quedes todo el rato viendo la televisión», será mejor que digan: «Vete a la calle a jugar». De este modo podrán cambiar la relación que tienen con sus hijos. Así pues, imagina cómo podrías cambiar tu relación con el mundo si estableces metas positivas para tu vida.

> **El conocimiento no significa necesariamente sabiduría, pero sin duda la ignorancia nunca es una opción razonable.**
>
> MARCELO GLEISER

- 14 -
Sinergia
Hacer más con menos

La sinergia viene a ser como sumar multiplicando, algo que sucede cuando todas las energías, unidas, se dirigen a un mismo blanco.

En la sinergia, el todo es mayor que la suma de las partes, y la aritmética tradicional queda modificada:

$$1 + 1 = 4$$

Todo el Universo se ha formado sinérgicamente. Siempre que dos o más cerebros se reúnen, con espíritu de cooperación y respeto, comunicándose y dejando fluir la intuición, el fenómeno natural de la sinergia se manifiesta.

El único camino para evitar la destrucción ecológica en nuestro planeta es aprender a trabajar sinérgicamente. El secreto no es hacer más con más. Lo que urge aprender es cómo hacer más con menos.

SALTAR FUERA DE LA PECERA

I magina un vaso con agua hasta la mitad. Si preguntas a distintas personas qué ven, unas dirán que el vaso está medio lleno y otras que está medio vacío.

El vaso es exactamente el mismo; lo que cambia es la percepción que tenemos de él. Por eso lo que cuenta no es lo que sucede, sino cómo lo interpretamos y reaccionamos ante ello.

Imagina que un día llevo un perrito a una clase; aquellos a quienes les gustan los perros dirían: «Interesante... una lección de expansión mental con un perrito en clase». Pero a los que no les gustan, protestarían: «Qué mal gusto, traer un perro a clase». No es el perro el que crea ambientes diferentes, sino la interpretación que damos a su presencia. En la estrella del éxito (figura 9, p. 34), una de las puntas es la **actitud**. Para nuestra felicidad es muy importante la actitud que tenemos ante lo que nos ocurre en la vida. Y es así porque lo que cuenta no es exactamente lo que sucede, sino el modo en que respondemos a ello.

Aquellos millonarios objeto del estudio de Napoleon Hill reaccionaban a los acontecimientos de forma distinta a como lo hacía la mayoría de las personas.

La vida nos proporciona momentos alegres y momentos tristes. De nosotros depende cómo aprovechar cada uno de esos momentos. Cuando la vida te proporcione un limón, haz con él una limonada. Esta es la actitud de los individuos con éxito.

En los cursos que imparto no hago terapia, trabajo con cambios de **paradigmas**, algo que va mucho más allá de una terapia: es la tecnología del siglo XXI.

Un paradigma es algo muy importante, y lo explicaré de distintas maneras.

Tu paradigma es la forma como percibes el mundo. Con todo, es para ti los mismo que el agua para los peces. El pez no sabe que se encuentra en el agua hasta que lo sacan de ella. Adam Smith también lo definió así: «El paradigma nos explica cómo es el mundo y nos ayuda a predecir su comportamiento».

Vamos a ejemplificar algunos paradigmas.

El optimismo solo no basta para resolver; el pesimismo entorpece.

En las sociedades nativas de Alaska, la primera noche el visitante tiene que dormir con la mujer del anfitrión. Rechazar esta invitación se considera una ofensa. «¿Encuentras fea a mi mujer? ¿Tienes miedo de que te contagie alguna enfermedad?», diría el nativo. Pero mirar a los ojos de una mujer en algunos países árabes es considerado un crimen. ¿Cuál es la actitud correcta? Depende de tu paradigma. Los ciudadanos de la antigua Roma cuando iban a cenar a casa de alguien y comían pollo tiraban los huesos hacia atrás, y con ese gesto daban a entender que su anfitrión era suficientemente rico para disponer de siervos que limpiaran el lugar. Si lo hiciéramos hoy, nos tomarían por locos.

En Estados Unidos, a los dieciséis años los hijos de la gente rica ya han tenido algún empleo, ya sea en una gasolinera o como mozos en cualquier trabajo, situación que se consideraría absurda en otros países. El estadounidense aprende bien pronto a cambiar de paradigma, a ser versátil. Por término medio cambiará de profesión cinco veces durante su vida. Y cambiará de ciudad en trece ocasiones. Eso hace que piense de forma diferente.

El conocimiento de los paradigmas es fundamental en el **mundo de los negocios**. En 1979, los suizos dominaban el mercado de los relojes, pues facturaban el 90 por ciento de los que se vendían en todo el mundo. Un día, un técnico de una de las mayores empresas relojeras de Suiza presentó a su jefe un nuevo modelo que acababa de inventar: el reloj electrónico. El jefe observó el prototipo y dijo: «Esto no es un reloj; no se le da cuerda, no tiene resortes ni rubíes». Los japoneses y los estadounidenses se apoderaron del mercado con el lanzamiento del reloj electrónico.

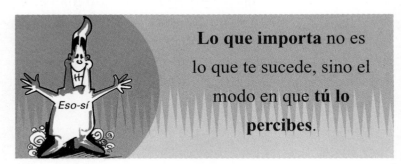

Eso-sí

Lo que importa no es lo que te sucede, sino el modo en que **tú lo percibes**.

Los suizos pasaron de tener el 90 por ciento del mercado a tener tan sólo el 15 por ciento. En apenas tres años, 50.000 trabajadores perdieron su empleo en la industria relojera suiza. Y lo paradójico es que el inventor del reloj de cuarzo era suizo. El problema es que cuando el paradigma cambia, el conocimiento anterior se equipara a cero: toda la tecnología aprendida durante años en la construcción de relojes mecánicos no servía demasiado para producir los nuevos relojes. Por eso resulta tan difícil cambiar. En el momento en que entendemos cómo interpretar los paradigmas, podemos cambiar nuestra percepción del mundo.

En la figura 19 (p. 126) presentamos un problema: se trata de unir los nueve puntos con cuatro líneas rectas sin levantar el lápiz del papel y sin pasar por el mismo punto dos veces. Inténtalo, pero no tendrás éxito a no ser que cambies de paradigma. Compruébalo en la figura 19A (p. 128).

«¡Ah, pero usted se ha salido del cuadrado!», dirás. Pero, ¿de qué cuadrado? ¿Quién te ha dicho que no podías salir del cua-

El poder de lo visible es lo invisible.

HARVEY COX

PROBLEMA

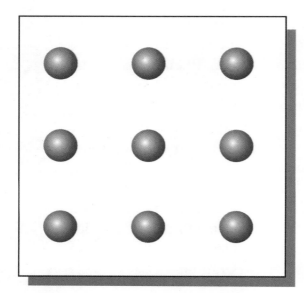

Une los nueve puntos con cuatro líneas rectas sin levantar el lápiz del papel y sin pasar dos veces por el mismo punto.

Fig. 19

drado? Ese es tu paradigma. Si trasladamos este ejemplo al ámbito de los negocios se da la siguiente situación: tengo que resolver nueve problemas en cuatro horas. ¡Ah, no!, eso es imposible. ¿Y si fueran once problemas? Bueno, eso sí. Podemos resolver once problemas, pues ha cambiado el paradigma. Paradójico, ¿verdad? ¡El Universo es paradójico!

Cuando el paradigma cambia, las posibilidades se multiplican.

El problema es que las personas viven dentro de paradigmas sin saber que existen. Es como el pez den-

tro del agua, como decíamos antes. Sólo percibe que
vive dentro del agua cuando lo sacan de ella.

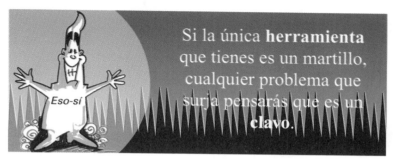

Si la única **herramienta**
que tienes es un martillo,
cualquier problema que
surja pensarás que es un
clavo.

Eso-sí

Es interesante comprobar cómo reacciona la gente
que participa en mis cursos, porque varios paradigmas
se alteran. Por ejemplo, cuando sólo un miembro de
una pareja realiza el curso «Sintonía», suele decir:
«Tiene gracia, porque fui yo quien hizo el curso y es mi
mujer (o mi marido) quien ha mejorado». En realidad,
lo que cambió fue la percepción de quien hizo el curso,
no la otra persona. Pero esa otra persona también puede transformarse a partir del cambio de paradigmas de
quien vive con ella.

He publicado 149 trabajos científicos en inglés, todos ellos elaborados según los patrones de la investigación más ortodoxa. Pero ahora que hago este nuevo
trabajo ya no tengo presente aquel material. Sólo era
válido dentro del paradigma en el que trabajaba en
aquella época.

CAMBIO DE PARADIGMA

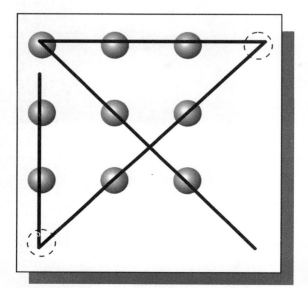

Fig. 19A

El conocimiento llega al mundo de distintas maneras. Hace siglos, en algunas regiones de África a las mujeres embarazadas que se les retrasaba el momento del parto bebían el esperma del marido, pues decían que así se precipitaba el parto. ¿Quién enseñó esto a las mujeres africanas? Hoy se sabe que el esperma es rico en una substancia llamada prostaglandina, que tiene la propiedad de estimular las contracciones del útero.

Nuestros abuelos nos aconsejaban que tomáramos un buen caldo de gallina antes de irnos a la cama cuando estábamos resfriados o con fiebre. El caldo de gallina es rico en ornitina y arginina, dos aminoácidos esenciales que estimulan la producción de la hormona del crecimiento, que se libera al cabo de tres horas de estar durmiendo. Esta hormona, además de facilitar la regeneración celular, ayuda a transformar las grasas en músculos y estimula el sistema inmunitario.

No todo lo que sabemos tiene una explicación científica. Ni todo lo que hoy explica la ciencia será válido mañana. Recuerda la física newtoniana, que quedó desfasada por la teoría de Einstein. Niels Bohr descubrió la estructura del átomo y le concedieron por ello el premio Nobel. En la actualidad, casi nada de lo que él escribió se considera válido.

Einstein decía que los problemas importantes no pueden resolverse en el mismo nivel de pensamiento en el que surgieron. Para resolver un problema sin solución es necesario cambiar de paradigma.

La imaginación es más importante que el conocimiento.

ALBERT EINSTEIN

Es posible curar una fobia (un miedo exagerado) en cinco minutos mediante la Programación Neurolingüística. Con psicoanálisis, el tratamiento de la misma fobia puede durar años, y la fobia quedar sin resolver. En Estados Unidos participé en un programa de televisión junto con un psicólogo, un psiquiatra y un psicoanalista. Los tres dudaban de que fuera posible superar una fobia en tan poco tiempo. Pedimos un voluntario entre el público asistente y, ante los especialistas, curé una fobia en cinco minutos. Vieron cómo lo hacía, y a pesar de ello dijeron que no era cierto, que me había servido de la hipnosis. No lo aceptaron, aunque sus ojos lo vieron, porque según su paradigma el tratamiento duraba meses, incluso años.

William James decía que una idea nueva es tachada, al principio, de ridícula; después, se la olvida como trivial, hasta que es aceptada y, finalmente, queda asimilada en el conocimiento general. «¡Claro, eso lo sabíamos todos!», dijeron cuando vieron que Colón conseguía mantener un huevo en pie.

Cuando Galileo Galilei explicó por primera vez que el Sol era el centro del sistema solar y que la Tierra giraba alrededor de él, lo mandaron a la cárcel. «¿Cómo se atreve a desmentir la Biblia?», dijeron entonces.

Cada vez que cambiamos un paradigma, pagamos un precio. «El auténtico descubrimiento no consiste en encontrar nuevas tierras, sino en verlas con ojos nuevos», decía el escritor francés Marcel Proust. No es necesario cambiar de ciudad o de país. Las oportunidades surgen alrededor de ti; basta con verlas con otros ojos.

Una de las sentencias más inteligentes que conozco es de Mark Twain: «Si la única herramienta que tienes es un martillo, cualquier problema que surja pensarás que es un clavo».

Si eres cirujano, para ti la solución pasa por la cirugía. Si eres psicoanalista, tiendes a pensar que todo se resuelve mediante el psicoanálisis. Si un individuo lo invierte todo —años de estudio, cursos de especialización en el extranjero, etc.— en un martillo, es muy difícil que cambie y haga cosas distintas. Siempre intentamos encajar los problemas en nuestro propio paradigma.

> Por desgracia, nuestros órganos de los sentidos tienen limitaciones, por lo que nuestra percepción del mundo es limitada.

«Cuando los paradigmas cambian, el mundo cambia con ellos», afirmó Thomas Kuhn. Después de estudiar los descubrimientos científicos de los últimos cuatrocientos años, se dio cuenta de que cuando un científico encuentra un dato que no cuadra con el paradigma en el que está viviendo, una de dos: o bien ignora el dato, o bien lo manipula hasta que consigue encajarlo en el paradigma vigente. La tercera opción —cuestionar el paradigma y transformarlo— la siguen aquellos científicos que destacan y contribuyen decisivamente al progreso de la humanidad.

Antes de Nicolás Copérnico, se creía que la Tierra era plana. Cuando se descubrió que era redonda, se hizo posible el viaje alrededor del mundo. El cambio de este paradigma creó muchas oportunidades. Se descubrieron nuevos mundos, y la humanidad cambió.

Sólo se puede entender un sistema observando el conjunto, y no sólo una de sus partes

PETER SENGE

- 15 -
Armonía armónica
La ley de leyes

El ser humano está en permanente búsqueda. Buscamos algo que nos dé sensación de paz, la eternidad del momento. Aunque no sepamos definirlo, nos dirigimos in-

cesantemente al encuentro de la Armonía.

Procura armonizarte con el Universo, con todo y todos los que te rodean, con el ritmo del tiempo y contigo mismo: el distrés desaparecerá de tu vida y la liberación será tu recompensa. La armonía es la esencia de la existencia.

CUALQUIER PROBLEMA TIENE SOLUCIÓN

«Usted no lo entiende, tengo muchísimos problemas.» «No puede ni imaginar la cantidad de problemas que tengo en la vida.» «Para usted es muy fácil decir cosas bonitas sobre la vida y el éxito porque no tiene los problemas que yo tengo.»

Mucha gente suele lamentarse de esta manera, lo ven todo muy negro por culpa de los problemas a los que tienen que enfrentarse. De hecho, la vida es un problema tras otro. La diferencia estriba en cómo encarar el problema, en cómo aprender de él. En el momento en que eres capaz de aprender de un problema, la vida empieza a ser mucho mejor. Por eso a aquellos que les gusta quejarse les suelo decir: **«Los problemas son nuestros mejores amigos».**

Cuando yo tenía 12 años el perro de mi vecina desapareció. Vivía entonces en una ciudad pequeña, Juiz de Fora, y en el cuartel de la policía había un cabo ignorante. Mi vecina decía que yo le había robado el perro, cuando ni siquiera sabía que tuviera uno. Así que lo denunció a la policía y el cabo mandó una citación a mi padre.

Mi padre me dijo que fuera yo al cuartel. Le pregunté si me acompañaría, pero él se negó, pues decía que era mi problema. Apenas tenía 12 años, así que se lo pedí a mi tío y él sí me acompañó. Una vez allí, el cabo me acusó del robo, y yo lo negué, argumentando que siquiera sabía que existiera aquel perro. «¡Lo robaste!» «¡No, no lo hice!» «¡Lo robaste!» «¡No lo robé!» Y así continuó la conversación, hasta que el cabo me llamó insolente por contradecirle. Al final, decidió que yo era culpable y me sancionó con una multa. Por aquel entonces, y por primera vez en mi vida, había ganado algo de dinero en vacaciones dando clases particulares a compañeros que habían suspendido. El importe de la multa era exactamente lo que yo había ahorrado, y mi padre me dijo que no la

Un problema siempre es una oportunidad para que te autorrealices.

pagaría él puesto que yo tenía mi propio dinero. Así que tuve que gastar el primer dinero que gané para pagar una multa que, seguramente, no estaba prevista en las leyes y por un robo que ni siquiera cometí. Durante muchos años pensé que mi padre fue insensible. Pero, por otro lado, a partir de entonces tomé la decisión de ser económicamente independiente y ya nunca más tuve que pedirle dinero a nadie. Para mí aquella época fue un gran problema. Hoy le doy gracias a Dios por la desaparición del perro.

Eso-sí

Cualquier problema que se presente en tu vida es un estímulo para que crezcas. Por eso los problemas son nuestros mejores amigos. Si en tu trabajo no hubiera problemas que resolver, seguramente perderías el empleo, ya no te necesitarían. Sólo hay un lugar donde no existen problemas: el cementerio. Quien allí «vive» ya nunca más los tendrá. Para los demás, vivir es hacer frente a un problema tras otro. El modo en que lo hagas marcará la diferencia; este es el secreto: no es el problema en sí lo que cuenta, sino en qué paradigma lo vas a situar.

La realidad, por lo tanto, no puede separarse de la percepción que tengamos de ella. La realidad siempre es subjetiva. No obstante, es la mejor amiga que tenemos para llegar al punto que deseamos.

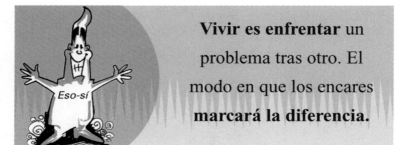

Vivir es enfrentar un problema tras otro. El modo en que los encares **marcará la diferencia.**

Eso-sí

¿Cómo es posible que en el mundo haya cosas (máquinas, edificios, etc.) que se deterioran con el tiempo, mientras otras (el cerebro humano, la sociedad) siguen evolucionando? Esta pregunta la planteó Ilya Prigogine, un científico ruso que se crió en Bélgica y que ganó un premio Nobel.

Para responder a esta cuestión Prigogine dividió los sistemas del mundo en dos categorías: abiertos y cerrados.

El sistema abierto es el que tiene sintropía, es decir, en él existe un intercambio de energía con el Universo. En el cerrado, por el contrario, se da la entropía, es decir, no hay intercambio de energía con el Universo. Todo problema en un sistema abierto tiene solución. Y todo problema del ser humano es un problema de lenguaje. El lenguaje, así pues, es un sistema abierto: la solución se encuentra en el mismo lenguaje. ¿Has visto alguna vez a un perro triste porque sus dueños se olvidaron de su cumpleaños? Claro que no, porque los cumpleaños no forman parte del lenguaje de los perros, y por ello no constituyen un problema para ellos.

Eso-sí

Todo problema lleva consigo la semilla de su solución. La vida te plantea un problema sólo si puedes resolverlo o, de alguna manera, contribuir a su resolución. Para un mendigo no representa un problema la ecología de la región amazónica, porque lo que le preocupa es conseguir la comida del día. Si no tienes la capacidad para resolver un problema, lo ignorarás, no será un problema para ti.

¿Qué problemas hay en tu vida cuya solución todavía no has encontrado?

- 16 -
Evolución y evolución
La dinámica universal

La finalidad básica del Universo es la evolución.

Todos nos encontramos en este viaje evolutivo. Todos los acontecimientos de nuestro Universo tienen una razón de ser. Lo que nos ocurre es por nuestro bien (más espiritual que material). El único error que podemos cometer es no participar en esta dinámica universal. Siendo así, lo que llamamos «errores» es tan sólo *feedback,* información útil del Universo que nos indica que no estamos en armonía con él.

Aprendemos a andar por el procedimiento de caer y levantarnos tras la caída. Aunque a veces no lo parezca, siempre estamos avanzando hacia nuestra meta final, la armonía con todo y con todos. Por eso vivimos en constante transformación.

El cambio es la única constante de nuestra vida. Aunque quisieras, nunca conseguirías mojarte dos veces en el mismo río: cuando vas a poner el pie por segunda vez, las moléculas de agua que entran en contacto con tus pies ya no son las mismas que las de la primera vez.

La existencia está hecha de cambios.

¿PARA QUIÉN TRABAJAS?

Sólo existe un lugar en el que el éxito aparece antes que el trabajo: en el diccionario. Éxito empieza con «e» y trabajo con «t». Para tener éxito es necesario trabajar mucho. Pero el trabajo solo no basta, no proporciona éxito.

Hay gente que trabaja 18 horas al día y no progresa. Son como las ruedas de un coche atrapadas en el barro: por mucho que giren no avanzan. ¿Quién trabaja más en términos de cantidad de horas y de esfuerzo físico? El obrero que se despierta a las cinco de la mañana, toma dos autobuses para ir al trabajo, se alimenta de comida fría, llega tarde a casa por la noche y se jubila con el salario mínimo. El éxito viene con el trabajo, pero no basta sólo con trabajar.

Eso-no

El secreto de la vida no es hacer lo que te gusta, sino que te guste lo que haces. El hombre es un 10 por ciento de vocación y un 90 por ciento de adaptación. Es posible hacer que cualquier cosa sea interesante; tú puedes poner interés en cualquier cosa.

Cuando estudiaba segundo curso en la facultad de medicina tuve la oportunidad de dar clase de anatomía y fisiología a los estudiantes de primer curso.

En cierta ocasión, el profesor de la asignatura de neurofisiología tuvo que ausentarse y me pidieron que lo substituyera. Fue la primera vez que los estudiantes entendieron la asignatura. Así se lo explicaron al profesor y él vino a verme, entusiasmado con los comentarios. Me preguntó cómo había preparado la clase y le respondí que a partir de sus apuntes. El profesor se quedó sorprendido y decepcionado. Partíamos del mismo material, pero la energía y el interés que poníamos él y yo al explicarlo eran distintos. Ya puedes dedicarte a limpiar suelos, a abrir puertas o a servir cafés, que si lo haces con entusiasmo el resultado será especial.

Pon a alguien que deteste hacer ejercicio en un gimnasio con pesas, que aunque le des dinero para que las levante la tarea le resultará desagradable. Los atletas que hacen halterofilia, no obstante, pagan por estar allí y hacerlo, porque están motivados.

El secreto de la vida no es hacer lo que te gusta, sino que **te guste** lo que haces.

«Trabajo para tal empresa.» Este es uno de los mayores errores que puedes cometer contigo mismo: pensar que trabajas para alguien, para otra persona o para una empresa.

¡Tú trabajas para ti! La empresa en la que trabajas te ofrece un espacio, una mesa con teléfono y otros materiales, pero en el fondo no trabajas para los demás. Tú (aunque no lo reconozcas) estás trabajando para ti. No importa que seas un empleado. Serás eficiente en la medida en que tu trabajo proporcione beneficios no sólo a la empresa, sino a ti también. Si es así, trabajarás bien. Serás el mejor trabajador para cualquier empresa, porque sabes que trabajas para ti y lo haces con entusiasmo.

Eso-sí

La gran meta de la educación no es el conocimiento, sino la acción.

HERBERT SPENCER

- 17 -

Unidad sin complejidad

Uno para todos y todos para uno

Todos formamos parte de una energía «gestalt» denominada Universo: infinito, Dios, fuente primera, etc. Hay muchas maneras de referirse a ese algo que es el Todo.

Todo lo que pensamos, decimos o hacemos contribuye de forma positiva o negativa a la vibración del Todo. Si experimentas tu existencia a través del miedo y la falta de armonía, tu contribución será negativa para la frecuencia vibratoria del Todo. Pero si vives en armonía y respetas tus relaciones con los demás, si te empeñas en pensar globalmente y actuar localmente con la misma coherencia, estás contribuyendo al éxito universal.

El éxito universal y tu éxito personal siempre van de la mano: son interdependientes.

LA DESGRACIA PUEDE SER UNA SUERTE

«¡Ya!, pero Fulano es un tipo con suerte!», es algo que suele decirse. La suerte NO existe. La suerte se presenta cuando la **preparación** se encuentra con la **oportunidad**.

En 1975 yo vivía en Teófilo Otoni, una ciudad del nordeste del estado de Minas Gerais, en Brasil. Un viernes por la tarde me llamaron por teléfono de un hotel para decirme que un huésped se quejaba de un fuerte dolor en el pecho. Me estaba preparando para pasar fuera un largo fin de semana y les pedí que llamaran a otro cardiólogo, pero me respondieron que ya lo habían intentado, sin éxito. De modo que acepté.

Le hice un electrocardiograma y le diagnostiqué un infarto de miocardio. Me lo llevé al hospital. Allí, el paciente me preguntó si conocía a su hijo, Peter Maroko. Le respondí que había leído sus trabajos de cardiología, pero que no lo conocía personalmente. Peter era el jefe del departamento de Investigación de la Universidad de Harvard. Dos días más tarde, Peter viajó desde Harvard para ayudarme en el tratamiento de su padre. Se quedó quince días.

La víspera de su partida yo tenía que dar una conferencia a un grupo de médicos del hospital, de distintas especialidades, sobre arritmias en el infarto agudo de miocardio. Como Peter iba a asistir, pedí permiso a mis colegas para hablar de cardiólogo a cardiólogo, a lo cual todos se avinieron. Al final de la conferencia, Peter se acercó a mí y me preguntó: «¿Te gustaría venir a Harvard?».

Eso-sí

Cuando cuento esta historia la gente suele comentar: «Lair, eres una persona con suerte. Estabas en una pequeña ciudad del nordeste de Minas Gerais y, de repente, te invitan a ir a la Universidad de Harvard». Pero no fue una cuestión de suerte. Yo es-

taba preparado. Había estudiado mucho, y surgió la oportunidad. Si no me hubiera preparado a fondo, jamás habría recibido aquella invitación.

Debes estar siempre preparado, pues las oportunidades aparecen en cualquier momento. Quien no está preparado pierde sus oportunidades, muchas veces ni siquiera las percibe, de la misma manera que el perro y la vaca de las figuras 3 y 4 sólo son visibles para ojos avisados.

Érase una vez un niño pobre que vivía en China y solía pasar largos ratos sentado en la calle, frente a su casa. Lo que más deseaba en este mundo era tener un caballo, pero no tenía dinero. Un buen día pasó por esa calle una recua de caballos a la que seguía, un poco atrasado, un potrillo incapaz de seguir al grupo. El dueño de los caballos, que conocía los deseos del niño, le preguntó si quería el potro, a lo que el niño, exultante, dijo que sí. Un vecino que se enteró de lo ocurrido dijo al padre del niño: «Tu hijo es afortunado». «¿Por qué?, le preguntó el padre. «Pues porque él quería un caballo, pasa una recua y se queda con un potrillo. ¿No es eso suerte?». «Puede ser una suerte o una desgracia», sentenció el padre.

El niño cuido del caballo con mucho celo, pero un día, ya crecido, el animal huyó. En esta ocasión el vecino dijo: «Que desafortunado es tu hijo, ¿verdad? Le regalan un potrillo, lo cuida hasta que se hace adulto y entonces el caballo huye». «Puede ser una suerte o una desgracia», repitió el padre.

Eso-sí

Suerte es cuando coinciden **preparación** y **oportunidad**.

Pasó el tiempo y un día el caballo volvió con una manada salvaje. El niño, ahora un muchacho, consiguió cercarlos y se quedó con ellos. El vecino, que lo vio todo, dijo: «Tu hijo es afortunado. Le regalan un potro, lo cría y lo pierde, y con el tiempo vuelve con una manada de caballos salvajes». «Puede ser una suerte o una desgracia», respondió de nuevo el padre.

Y un día que el muchacho intentaba domar uno de los caballos cayó al suelo y se rompió la pierna. Y volvió a aparecer el vecino. «Tu hijo es desafortunado. Se le escapa el caballo, que vuelve con una manda salvaje, pero cuando intenta domar a uno de ellos, se rompe la pierna.» «Puede ser una suerte o una desgracia», insistía el padre.

Días después, el reino donde vivían entró en guerra con el reino vecino. Todos los jóvenes fueron llamados a filas, menos el muchacho del caballo, pues tenía una pierna rota. Y el vecino volvió a visitar al padre: «Tu hijo es afortunado...».

Así es la vida: todo lo que ocurre puede ser una suerte o una desgracia, depende de lo que venga a continuación. Lo que parece una desgracia en un momento dado, tal vez sea una suerte en el futuro, y viceversa.

¿Cuál ha sido la mayor desgracia que te ha ocurrido nunca?

¿En qué sentido mejoró tu vida debido a ello?

- 18 -
Conocimiento y sabiduría
La inteligencia al servicio del Ser

La sabiduría es el uso inteligente del conocimiento consciente e inconsciente.

La **experiencia**, asociada a una **profunda reflexión**, constituye un modo eficaz de alcanzar la sabiduría.

Aquel que sea capaz de una profunda reflexión interna descubrirá los **secretos del Universo**, pues es ahí, en el interior de cada cual, donde están guardados.

La sabiduría se manifiesta mediante la agudeza de la percepción y la flexibilidad de la acción.

Si lo que estás haciendo no funciona, detente, piensa, analiza y decídete por una nueva acción. Continuar actuando de la misma manera y esperar resultados distintos es una manifestación de desequilibrio mental.

Actuar a veces puede significar no hacer nada. No hacer «nada» es, en muchas ocasiones, «hacer» lo que es necesario hacer.

HAZ LO QUE TENGAS QUE HACER

Uno de los secretos para tener éxito en la vida es hacer que las cosas sucedan. Hablar no basta. Lo que interesa es **el resultado**.

Pero para hacer que las cosas sucedan no siempre tendrás que ponerte tú a hacerlas. Existe un verbo llamado **delegar**, que poca gente utiliza. «No confío en nadie; los demás no lo harán tan bien como yo.»

Precisamente se trata de delegar en quien no haga las cosas tan bien como uno mismo. Nunca delegues en alguien que lo haga tan bien como tú; hazlo tú mismo, pues en caso contrario no estarás delegando, sino transfiriendo responsabilidad.

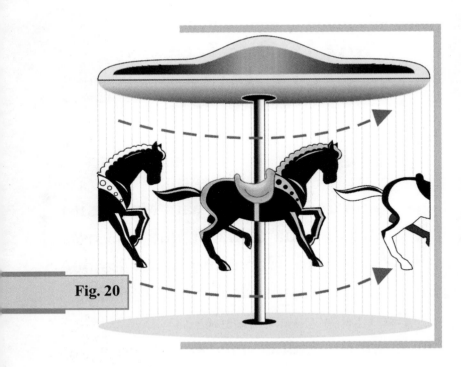

Delegar es dar la oportunidad a otra persona de que aprenda. Y para aprender hay que hacer, dejar que la gente se equivoque.

Otra cuestión importante para tener éxito en el trabajo es saber distinguir entre eficiencia y eficacia. Observa la figura 20.

Este caballo es muy eficiente en dar vueltas con el carrusel, pero su eficacia como medio de locomoción es nula, pues no llega a ninguna parte. Muchas personas hacen como el caballo del tiovivo: trabajan y trabajan, pero no obtienen ningún resultado en la vida. Te voy a contar algo que ilustrará lo que digo:

Hace muchos años, en Estados Unidos, cuando se compraba una nevera se solía guardar la vieja en el jardín de la casa o en el sótano. Estos antiguos frigoríficos se cerraban por fuera con trabas. Los niños jugaban con ellos y en ocasiones se quedaban encerrados dentro y no podían salir. Se conocieron algunos casos de niños que murieron asfixiados. Se preparó entonces un sistema para que los niños pudieran salir de las neveras.

Eso-sí

La eficiencia es hacer las cosas **bien hechas.** La eficacia es hacer lo que **debe hacerse.**

En primer lugar, los fabricantes pensaron en neveras con cierres interiores que permitieran a los niños abrir la puerta por dentro. A continuación se elaboró una campaña educativa a escala nacional para enseñar a los niños cómo funcionaban los nuevos frigoríficos. Cuando ya todo estaba listo, los fabricantes habían introducido los cambios y había fecha para el inicio de la campaña informativa, apareció un individuo que lo paralizó todo al explicar: «Nada de todo esto es necesario; basta con colocar imanes en las puertas de los frigoríficos; así, si alguien se quedara encerrado dentro sólo tendría que empujar para que la puerta se abriera». Toda aquella eficiencia que se iba a utilizar para educar a millones de niños demostró ser innecesaria ante la eficacia del nuevo sistema.

El negocio no consiste sólo en hacer las cosas bien hechas. También es hacer las cosas oportunas. Con este sencillo cambio de actitud podrás ganar más dinero y tener éxito en tus actividades. Siempre que estés a punto de iniciar cualquier actividad, pregúntate: «¿Es realmente necesario hacerlo?». Y no desperdicies tu energía en ello si la respuesta es «no».

> **¿Qué es lo que estás haciendo bien hecho pero que no es necesario hacerlo?**

ESTRUCTURA TU NEGOCIO

Para montar un negocio y ser tu propio jefe necesitas algo más que trabajar. Debes conocer la mecánica de los pasos que tienes que dar, ya sea para conseguir financiación o para atraer a los compradores con tu producto o servicio. Debes pensar también en innovar constantemente y en mirar de frente al futuro para seguir los cambios del mercado.

Si tu opción consiste en trabajar en un negocio propio, la primera cosa que tienes que entender es su estructura, cómo funciona. Para empezar, necesitarás dinero, que no necesariamente ha de ser tuyo.

Puedes pedirlo prestado o solicitar un crédito al banco, pero lo necesitarás sea lo que sea lo que desees hacer: fabricar un producto, dar un servicio o hacer realidad una idea.

El paso siguiente es vender lo que produces, es decir, encontrar un comprador. Porque por muy bueno que sea tu producto o el servicio que ofreces, si nadie quiere comprarlo o contratarlo, no habrá negocio. Cuando el comprador desembolsa el dinero, este llega a ti y puede seguir produciendo. Entonces sí se completa el ciclo y ya es posible afirmar que tienes un negocio.

No basta con que tu producto sea de **buena calidad**. Es necesario que encuentres un **comprador** para él.

Parecerá obvio, pero mucha gente ignora todo esto cuando se propone montar un negocio. A veces, hay quien está tan convencido de las cualidades de su producto que cree que sólo es cuestión de fabricarlo, y ya está. ¿Qué sucede entonces? Que falta dinero para esto, falta dinero para aquello y el potencial comprador ni se entera de que el producto existe. Resultado: el negocio no sobrevive. También hay gente con mucho dinero que piensa que sólo con dinero ya es suficiente para que cualquier cosa funcione. Tampoco es eso. De modo que para poder hablar de un negocio consolidado necesitarás dinero, deberás fabricar el producto y tendrás que encontrar un comprador.

Entre el dinero y el comprador se deben cumplir varias condiciones. Una de ellas es el **compromiso con la calidad**. Hoy en día, si no te comprometes a elaborar un producto de primera calidad, no tienes ni siquiera el derecho a entrar en el campo a jugar. La calidad ha dejado de ser una ventaja ante la competencia para convertirse en una necesidad. Ya nadie quiere fabricar productos mediocres. Todo el mundo invierte en calidad. De modo que hoy la calidad ya no es una ventaja ante la competencia, sino una necesidad. Es importante que lo entiendas.

Otra condición para consolidar un negocio es un proceso constante de **innovación**. Y es así porque el mercado cambia, y cuando eso ocurre hay un cambio en la demanda. De modo que si no estás siempre

Cuando el patrón se sienta, el empleado se echa.

COMANDANTE
ROLIM AMARO

innovando, buscando caminos distintos, acabarás en la cuerda floja. Para ello te tienes que anticipar al futuro. Cuando conduces un automóvil, tienes que dirigir la mirada algunas manzanas más allá de donde estás. A mayor velocidad, más lejos tienes que mirar. Así que dependiendo de la velocidad de tu negocio, tendrás que anticiparte más o menos al futuro, porque si no te estrellarás.

Eso-sí

Tu negocio no **prosperará** si no estás **siempre innovando**.

Voy a poner un ejemplo clásico. Hace más de diez años, una compañía estadounidense de telefonía desarrolló un aparato conocido como *videófono*. Es decir, llamabas a alguien y por medio de una cámara podías ver a tu interlocutor, y viceversa. La compañía telefónica hizo un esfuerzo de innovación, pero no lo acompañó con una previsión de la aceptación que tendría su producto. El consumidor de aquella época no estaba preparado para pagar el precio de hablar por el videófono. De modo que el producto fue a parar al almacén, pues por muy innovador que resultara, por excelente que fuera, no había en la época comprador para él. Diez años más tarde, se ha iniciado de nuevo su comercialización, con un precio más ajustado.

De modo que para levantar un negocio es preciso tener **excelencia**, que significa hacer las cosas con calidad; hay que **innovar** constantemente, para acompañar la demanda del mercado, y se debe ser capaz de anticiparse al futuro, porque vivimos en un mundo que cambia a gran velocidad. Recuerda que cuanto mayor sea la velocidad a la que te desplaces, mayor tiene que ser tu habilidad de anticiparte al futuro.

Imagina ahora a tres individuos de la misma altura. Uno es un niño; otro, un pigmeo, y el tercero, un enano. A pesar de medir los tres lo mismo, tienen significados totalmente dispares. El niño crecerá y será más alto que el pigmeo y el enano. El pigmeo ya no crecerá más porque ya es adulto; además, si creciera se encontraría totalmente fuera de lugar en su hábitat. Y el enano tampoco crecerá más, pero por otro motivo: porque tiene un problema estructural genético.

En el ámbito de los negocios podemos encontrarnos con lo mismo: tres empresas de igual tamaño en la que una sea como un «niño», que crecerá y será enorme; otra, pigmea, que nació para ser pequeña, porque eso forma parte de su naturaleza, y una tercera enana, que no crecerá porque nació con un defecto congénito.

Esto significa que tu negocio tiene que estar bien estructurado desde el principio. Porque si no consigues un crecimiento escalonado, si tu empresa empieza a crecer por todas partes, sin orden ni concierto, corre el riesgo de convertirse en un «enano». Por falta de una estructuración y una planificación adecuadas, lo que podría ser un gigante se convertirá en un enano.

De la misma manera que, como reza el refrán, nunca hay que poner todos los huevos en la misma cesta, en los negocios es básico **diversificar** para progresar, para que todo funcione. Cualquier empresa con un único producto, con sólo un mercado, corre grandes riesgos: que aparezca un competidor más fuerte o que haya un cambio tecnológico que, de un día para otro, deje fuera de la circulación el producto.

Así que cuando te decidas a invertir en algo, recuerda el proceso de diversificación. Empieza si quieres por hacer una cosa, pero no pretendas pasarte la vida sólo haciendo eso, pues el mercado no te dejará. Opel, uno de los principales fabricantes de automóviles de Europa, empezó produciendo máquinas de coser.

No hay nada de malo en competir, siempre y cuando se respeten las reglas. Pero la **competencia** no excluye la **cooperación**. Más aún, la competencia sin la cooperación termina en lo que llamamos juego de ganar-perder, y este juego tiende a degenerar en el de perder-perder. De modo que para generar en tu negocio una situación de ganar-ganar debes establecer una competencia sana, una competencia con cooperación.

Decídete por desafíos que te estimulen, por aquellos que estés capacitado para superar.

TENER UNA VISIÓN GLOBAL

Para mantener un negocio, de algún modo debes parecerte al piloto de un helicóptero: tener una visión de conjunto y, cuando sea necesario, poder atender los pequeños detalles. Pero ocurre que mucha gente hace como el buitre: se queda dando vueltas en las alturas y, cuando desciende, sólo encuentra despojos. Y entonces ya no hay remedio, porque la ocasión pasó. El cerebro dispone de la habilidad para preocuparse de lo general y de lo particular, aunque es necesario desarrollarla.

Con la **flexibilidad** ocurre algo parecido, pues es un requisito cada vez más indispensable en el mundo de los negocios. Hoy ya no gana quien es más grande, sino quien es más rápido. Para seguir la velocidad con la que se suceden las cosas debes disponer de flexibilidad a la hora de decidir, de flexibilidad para cambiar y adaptarte. De este modo notarás una enorme diferencia en los resultados que obtienes en tu empresa.

Hoy gana no quien es más grande, sino quien es **más rápido**.

Eso-sí

También es muy importante disponer de capacidad de adaptación al trabajo que se hace. Hay muchas personas que son profesionalmente mediocres porque nunca tuvieron la oportunidad de ejercer su talento natural. Es lo que ocurría con el jockey de metro y medio de altura que quería jugar al baloncesto, o el hombre de dos metros que quería ser jockey. Nunca serás bueno en algo a lo que no te adaptes. Por ejemplo, prueba a contratar a alguien a quien no le gusten los pequeños detalles como contable de tu empresa. La contabilidad no cuadrará nunca, porque el detalle no forma parte de esa persona. De modo que al contratar es fundamental establecer las cualidades necesarias para cada función y escoger a la persona que las reúna.

Entonces sí encajarán las piezas y, en consecuencia, la productividad aumentará.

No trabajamos sólo por el placer de trabajar, sino también por la necesidad de sobrevivir. Por lo tanto, la remuneración es necesaria.

Un estudio realizado en Estados Unidos llegó a la siguiente conclusión: si doblas hoy el salario a todos tus trabajadores, de aquí a un año te volverán a plantear las mismas demandas económicas. Lo que demostró el estudio es que la remuneración no debe ser sólo económica. Es necesaria también una remuneración emocional. Es decir, es importante que los que trabajan contigo sientan que forman parte de aquello que estás produciendo. Realizarse en el trabajo es muy importante; el trabajo debe ser un lugar de autorrealización. Si consigues realizarte en tu profesión, por lo menos estarás satisfecho, te lo pasarás bien, la mitad de tu vida. De modo que no se trata sólo de dinero.

Uno de los grandes placeres de la vida es hacer algo que los demás creían que no serías capaz de hacer.

Hemos hablado antes de que todo lo que es importante en la vida debe ponerse **por escrito**. En tu negocio también tiene que ser así. Es importante, pues, que documentes todo lo que tu empresa hace por medio de memorandos, informes, etc. Tampoco hay que exagerar escribiendo notas para todo, pero sí que deben quedar reflejadas en el papel las cosas más importantes, las esenciales.

Eso-sí

Cualquier **remuneración** debe contemplar el aspecto **emocional**.

Esta preocupación por la **objetividad** debe también prevalecer en las reuniones de trabajo. Se ha demostrado que los ejecutivos dedican mucho más tiempo del que les gustaría a las reuniones. Llega un momento en que no les queda tiempo para trabajar. Van de una reunión a otra y no pueden hacer lo que les gustaría o deberían hacer. De modo que cuando convoques una reunión, deja claro de antemano a todos los que participen cuál es su objetivo. Sólo así podrás salir de ella con el resultado que esperabas.

Si el negocio ya está en pleno funcionamiento, si el dinero empieza a llegar y lo utilizas para producir más, ha llegado el momento de que te preocupes por otro tema: la **comunicación**. Tan importante como hacer una cosa es el modo en que la presentas.

¿Y la apariencia? Tan básico como tu apariencia personal es la apariencia que le des a tu empresa. Durante mucho tiempo se pensó que cuanto más sucia y desordenada estuviera una fábrica o una oficina, cuanto más grasiento estuviera el suelo, más productiva era. Aquella suciedad, aquella grasa, simbolizaban trabajo duro. Los japoneses cambiaron este concepto. Si visitas una industria japonesa —ya sea de automóviles, de barcos o de lo que sea— lo encontrarás todo absolutamente limpio. Incluso hay acuarios con peces en las naves industriales para dar a entender que todo allí, incluyendo el aire, está perfectamente limpio. Y los japoneses en ningún momento han producido menos por ello... La limpieza es hoy sinónimo de productividad.

El pensamiento, bajo cualquier forma, pone en acción la fuerza creadora del universo.

Lauro Trevisan

MAÑANA POR LA MAÑANA

¿**R**ecuerdas la estrella del éxito? Otra de sus puntas era la **ambición**.

En la ambición está la base de todo. Sin el deseo de conseguir algo nunca conseguiríamos nada. Todo lo que has hecho en la vida empezó como un deseo, una ambición. Quien llega a la conclusión de que ya no necesita nada más en la vida, deberá llegar también a la conclusión que se le acerca la hora de morir.

En cierta ocasión, después de impartir este curso sobre el éxito en Estados Unidos, un hombre que estaba sentado en la primera fila se levantó y dijo: «Estoy de acuerdo con todo lo que ha dicho usted

hasta ahora. Yo conduzco desde hace treinta años una furgoneta de reparto de galletas; me despierto a las cinco de la mañana, me subo a la furgoneta y hago la ronda de las panaderías; vuelvo a casa, limpio el vehículo y lo dejo todo preparado para el día siguiente. Estoy a punto de jubilarme y hasta entonces pretendo seguir conduciendo mi vehículo: no quiero cosas nuevas y difíciles a partir de ahora». Y le respondí: «Le felicito. Alguien tiene que entregar las galletas. Lo que ya no me parecería tan bien es que siguiera conduciendo la furgoneta de las galletas y se dedicara a culpar al gobierno, a la inflación, a sus enemigos o a cualquier otra cosa por no haber hecho algo distinto. Así no se evoluciona. Nadie debe culpar a los demás por no llevar una vida satisfactoria. Debe, eso sí, mirar en su interior y animar sus ambiciones positivas, su voluntad de prosperar».

Si sigues haciendo lo que siempre has hecho, seguirás obteniendo lo que siempre has obtenido. Si quieres cosas diferentes, tienes que hacer algo diferente. Esto no quiere decir que te dediques a hacer cosas absurdas, sino pequeñas cosas, cada día.

Si al salir de Europa el avión en el que viajo a Brasil se desvía tan sólo un grado de su ruta, en lugar de aterrizar en Sao Paulo quizás lo haga en Manaus o en Porto Alegre. En la salida, una pequeña diferencia apenas es nada, pero va a más a medida que pasa el tiempo y, al final, la diferencia en el destino, es decir, en el resultado, será enorme.

No pretendo que las personas que leen esto se transformen en supergenios de un día para otro, sino simplemente que adopten nuevas actitudes, a pequeña escala, que cambien algunos grados su rumbo y se aseguren así un destino de éxito. Acaba de leer este libro con ideas distintas: ¿Qué vas a hacer que sea nuevo mañana por la mañana? ¿Cuidarás mejor tu cuerpo? ¿Comerás menos? ¿Practicarás algún deporte? ¿Cuál? Busca el principio del placer, haz aquello que te gusta hacer. Corre si te gusta correr. Porque si no es así lo dejarás muy pronto. Debes hacer las cosas sin dedicarles demasiada fuerza de voluntad, de forma espontánea, en armonía con tus aspiraciones más íntimas.

No comprendo cómo hay gente que dice: «De ahora en adelante ya no me queda nada por hacer», cuando hay tantas cosas por resolver en el mundo. Los cardiólogos saben que quien se jubila tiene un riesgo tres veces mayor de morir que la gente de la misma edad que permanece activa. Las personas que más viven son aquellas que siempre están en actividad.

Cuando me levanto los lunes por la mañana y pienso que tengo

Contrata el mejor personal que te puedas permitir y delega.

quince problemas por resolver me siento feliz, porque eso significa que la sociedad me necesita.

Hay quien dice: «No lo conseguiré, es imposible». Pero si alguien piensa así nunca lo conseguirá, aunque se esfuerce mucho, porque no se lo cree.

¿Sabes qué es lo imposible? Aquello que nadie hace hasta que alguien lo hace. En las bibliotecas médicas hay tratados que explican que el hombre no puede correr una milla (algo más de un kilómetro y medio) en menos de cuatro minutos. Y esto fue así hasta que un estudiante de medicina, Roger Benister, lo consiguió. Ese mismo año, otros diecinueve atletas lo hicieron. Y era algo imposible, hasta que Roger Benister lo hizo. Hoy, que alguien corra la milla en ese tiempo ya no es noticia. Es algo que se da por hecho, como que la Tierra es redonda.

Cuando digo que es posible curar una fobia en cinco minutos muchos dicen que es imposible. Del mismo modo que era imposible viajar de Lisboa a Río de Janeiro en cuatro horas en el tiempo de las carabelas.

Hoy, los aviones supersónicos lo hacen. Vivimos y trabajamos en un sistema en el que casi todo es posible. Basta con atreverse y querer.

> **Yo medí los cielos y ahora las sombras merezco. Hacia el firmamento viaja la mente; en la tierra descansa el cuerpo**
>
> EPITAFIO DE JOHANNES KEPLER

Si sigues haciendo lo que siempre has hecho, seguirás obteniendo lo que siempre has obtenido.

TU VIDA EN TUS MANOS

Pertenecen a distintos ámbitos: la carta o el menú es un territorio; la comida, otro. La carta no se come, y aunque venga escrita en letras de oro la comida puede ser pésima. De la misma manera, la figura 21 (p. 180) representa la diferencia entre los territorios del pensar y el actuar, entre el pensamiento y la acción. Muchas personas viven como observadoras: se dedican a ver cómo pasa la vida. Una de las razones de este distanciamiento es que nos dejamos controlar por el hemisferio izquierdo del cerebro.

«Los hombres no lloran.» Y entonces aparece un cáncer o un infarto y no sabemos por qué. Hay que guardar las apariencias: «Dios me libre de que mi abuelo se entere de con quién salí anoche», «¡Qué dirían los vecinos!», «¡Qué pensarán los demás!».

Llega un momento en que vives la vida de los demás, no la tuya.

Para enseñarte cómo pasar al ámbito de la acción, creo que es importante que te transmita el concepto de **precesión**, un término procedente del campo de la física. Se habla de precesión cuando un cuerpo en movimiento interfiere con otro cuerpo también en movimiento en un ángulo de 90 grados.

Si preguntas a una abeja cuál es su función, te responderá: «Hacer miel». Eso es lo que ella piensa, pero cuando vuela hasta una flor para recoger el néctar, la poliniza en un ángulo de 90 grados. Esta polinización es lo más importante, porque es la responsable de la reproducción de las flores. Nosotros podemos vivir sin miel, pero no sin la vida vegetal.

Esto es la precesión: estás ha-

> Es cierto que no es posible descubrir la piedra filosofal; pero es bueno que la busquemos. Pues en el transcurso de esa búsqueda descubriremos muchos secretos útiles que no buscábamos.
>
> BERNARD FONTENELLE

ciendo algo y, en un ángulo de 90 grados, ocurre otra cosa más importante. Todo lo bueno que ha habido en tu vida ocurrió por precesión. Un ejemplo: seguro que no te levantaste un buen día y te dijiste: «Hoy conoceré a la que será mi mujer». No; ese día fuiste a algún lugar y allí conociste a alguien de quien te enamoraste y con quien más tarde te casaste.

No obstante, para que haya precesión hay una condición *sine qua non*: **la acción**. Por desgracia, no nos han educado al respecto, y no siempre es fácil pensar en estos términos. «Cuando haya leído estos cuatro libros estaré preparado para dar clases sobre el tema.» Siempre habrá libros nuevos; recuerda que el conocimiento de la humanidad se dobla cada dos años. «Todavía no estoy preparado; deja que me mentalice un poco más...» Y así pasa la vida.

La vida que llevas te **la has creado tú**.

Goethe decía: «Si piensas que puedes o sueñas que puedes, empieza. La osadía posee genialidad, poder y magia». Atrévete a hacer lo que deseas y el poder te será dado. Comienza ya, ahora mismo.

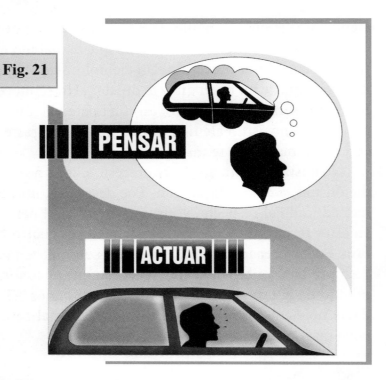

Fig. 21

El conocimiento es poder en potencia, que se convertirá en auténtico poder cuando cambies de ámbito (pensar → actuar).

Henry Ford solía decir: «Tanto si crees que puedes como si crees que no puedes, en cualquier caso estás en lo cierto». La vida que llevas te la has creado tú; no es fruto de las circunstancias.

Quiero terminar este libro con una pequeña historia:

En una ciudad de Grecia vivía un sabio que era famoso porque siempre sabía la respuesta a las preguntas que le hacían. Un día, un joven adolescente le dijo a un amigo: «Creo que sé cómo engañar al sabio. Voy a llevarle un pajarillo, escondido en la mano. Le preguntaré entonces si está vivo o muerto. Si me dice que está vivo, cerraré con fuerza la mano, lo mataré y lo dejaré caer al suelo; pero si me dice que está muerto, abriré la mano y lo dejaré volar (figura 22, p. 182)». Así que el joven se acercó al sabio y le preguntó: «Oh, sabio, dime, el pájaro que tengo en la mano ¿está vivo o muerto?». El sabio observó al muchacho y respondió: «Joven, la respuesta está en tus manos».

Recuerda que todo esto comenzó como un garabato.

WALT DISNEY

Fig. 22

Cuando naciste, los demás sonreían mientras tú llorabas. Vive tu vida de manera que cuando mueras ocurra lo contrario.

PROVERBIO INDÍGENA SIOUX

Lo mismo te digo yo. Con este libro has recibido una serie de instrucciones y orientaciones que pueden modificar tu vida. Pero tú decides. De ti depende que saques o no provecho de estas informaciones. El éxito siempre estuvo y estará en tus manos.

Eso-sí

Otras obras del doctor Lair Ribeiro publicadas por Ediciones Urano

La prosperidad

Nueva versión revisada y ampliada

Una historia llena de sabiduría que nos sorprende a cada instante y nos revela como podemos incorporar en nuestra estructura mental la idea de prosperidad.

Adelgazar comiendo

Dejando atrás la fuerza de voluntad y el rigor de las dietas, el doctor Ribeiro nos proporciona las claves para alcanzar, sin esfuerzo, lo que todas las dietas nos proponen: una reeducación consciente y definitiva de nuestra manera de alimentarnos.

Cómo aprender mejor

El doctor Ribeiro te pone al día y te explica son las técnicas más modernas para aprender y sacar el mejor provecho de lo aprendido, mediante un útil programa basado en tres aspectos fundamentales del éxito.

Aumenta tu autoestima

Muchas veces pensamos que el mundo no nos trata como merecemos y culpamos a los demás de nuestros fallos y desilusiones. Sin embargo, la verdad es que el modo como nos trata el mundo es un reflejo de cómo nos tratamos a nosotros mismos.

La comunicación eficaz

Los métodos de la Programación Neurolingüística, aplicados al proceso comunicativo, pueden transformar nuestra vida aumentando nuestra influencia, multiplicando los recursos de nuestra inteligencia y estimulando nuestra confianza.

Crea tu futuro

Nueva versión de *Viajar en el tiempo.*

El doctor Ribeiro presenta en esta obra un método con el que aprenderemos a volver al pasado para resolver nuestros traumas y a viajar al futuro para realizar nuestros objetivos.

La magia de la comunicación

¿Qué valor tiene el gran cargamento de oro de un barco hundido en lo más profundo del océano? Ningún valor, cero. ¿De qué te sirven todos tus conocimientos, tu inteligencia y tu capacidad de adquirir información si no consigues expresarte eficazmente? Lo mismo que el oro hundido.

Los pies en el suelo, la cabeza en las estrellas

Con esta adaptación para jóvenes (de todas las edades) del bestseller *El éxito no llega por casualidad* aprenderás a expandir tu inteligencia, a equilibrar tus emociones, a desarrollar todo tu potencial creativo y a sacar el máximo rendimiento de ti mismo.

Generar beneficios

GESTIÓN DEL CONOCIMIENTO

Generar beneficios

Una visión empresarial apoyada en la excelencia personal, la innovación y la capacidad de anticipar el futuro

LAIR RIBEIRO, M.D.

EMPRESA ACTIVA

En este libro fascinante encontrará métodos simples y prácticos que le ayudarán a aumentar su rendimiento personal y el de su empresa, progresar en su profesión y obtener una mayor satisfacción personal de su trabajo.

Si desea información sobre los cursos y seminarios del doctor Lair Ribeiro, diríjase a:

Argentina:
GI Consultores de empresas
Hipólito Yrigoyen, 2900 - p. 13, Dto. "F"
C1207ABN Ciudad de Buenos Aires
Argentina
Tel/fax: (541) 4931-6967
correo electrónico: graiglesias@ciudad.com.ar

Chile:
Ediciones Urano
Av. Francisco Bilbao, 2809
Providencia - Santiago de Chile
Tel. (562) 341 67 31 - Fax (562) 225 38 96
correo electrónico: chile@edicionesurano.com

España:
Lair Ribeiro Training
Córcega, 459, ático
08037 Barcelona
Tel. (34) 932 071 003 - Fax (34) 932 074 806
correo electrónico: info@servisalud.com

México:
Ediciones Urano
Carmen, 23 (Colonia Chimalistac)
01070 Del. A. Obregón - México D. F.
Tel. (525) 661 07 54 - Fax (525) 661 68 91
correo electrónico: mexico@edicionesurano.com

Venezuela:
Ediciones Urano
Avda. Luis Roche - Edif. Sta. Clara, P. B. Altamira Sur
1062 Caracas
Tel. (582) 264 03 73 - Fax (582) 261 69 62
correo electrónico: venezuela@edicionesurano.com